デジタルマネー戦争

房 広治 Koji Fusa
徳岡 晃一郎 Koichiro Tokuoka 著

Forest 2545 Shinsyo

はじめに

「お金のデジタル化」は世界のルールを書き換えるビッグチャンス

——房 広治

皆さんは「お金のデジタル化」と聞いて何を思い浮かべますか？

世界的ベストセラー『サピエンス全史』の著者ハラリ教授は、お金は「人類で最高のストーリー」と表現しています。人間以外の動物が、紙切れを見て、それに価値が保存されているという認識はできません。

お金というものは、宗教と似ており、信じる人々にとっては価値があり、信じない人々にとっては、何の価値もありません。

たとえば、エルサルバドルの紙幣を見たことのない日本人は、エルサルバドル政府が発行した紙幣に価値を感じません。あるいは、ミャンマーではぐちゃぐちゃになった1万円札は、誰も1チャットにも交換してくれません。

そういった各国の「最高のストーリー」がデジタル化によって書き換えられるのです。ハラリ教授の言う「最高のストーリー」の最新版がデジタル化なわけです。

ですから、100人いれば100通りの説明があるわけです。

たとえば、ペイパル・マフィアたちは、リーマンショックの直後に「FRBが実体経済との相関関係のない通貨を発行することは、堕落した行為」だと非難しています。「政府から独立し、経済活動の尺度、価値の保存を確保することだけを中央銀行の目的とする」として人々から信頼されていた中央銀行が、一部の株主や債権者の救済を目的とした超法規的措置をとったために、ビットコインという暗号資産は、政府とは無関係の中立的な発行ということで、反政府主義的な傾向のある人々の間で人気を博しています。

フェイスブックのリブラがうまくいかなかったのはどうしてでしょうか？ 名前をディエムに変えれば私企業が発行する通貨として普及するのでしょうか？

答えは、ほかの通貨と同じように、どれだけの人々がそのストーリーを信じるかです。たくさんの人が信じれば通貨として流通するし、信じる人がいなければデジタルのお金として流通しないということなのです。

さて、今着々と進んでいるお金のデジタル化が成就したあかつきには、われわれの社会（仕事や生活）はどう変わるのでしょうか？

ここでは、私の思い描いているストーリーをお話ししましょう。

全世界78億人の人々は、今、年間約2兆件のお金のやり取りをしており、2023年にはそのコストが300兆円程度になるとマッキンゼーは予測しています。

現金やカードを使ったお金のやり取りでは、1回当たりのコストが150円かかっている計算になります。

さらに、現金輸送車を毎日走らせることでCO2が排出されるわけですから、スマートネーションを目指す国々は現金をなくそうとしています。

また、海の汚染で有名なプラスチックも「脱プラスチック」という運動が起こり、プラスチックのカードは10年後にはなくなっているかもしれません。

スマホとクラウドだけで管理する、お金のデジタル化ができれば、現金輸送車は必要なくなり、プラスチックも削減できます。

結果、すべての決済がリアルタイム処理できることになり、決済コストが今までの100分の1にまで下がり、リーマンショックのようなことが起こっても、瞬時にその影響が計算され、取り付け騒ぎ、いわゆるバンクランの起こりようがない世界になります。

つまり、持続可能な社会の達成にとってのカギが通貨のデジタル化なわけです。

しかし、そこには大きなハードルもあります。
そのハードルの1つが、私たち日本人自身の悲観志向です。
お金のデジタル化で真っ先に挙げられるのは、モバイル決済です。日本では、このモバイル決済が「日本人の発明」であることを知っている人は皆無です。たとえば、最近、私にプレゼンをした某日本企業の資料にも「2007年にケニアのボーダフォン（サファリコム）によるM-Pesaがモバイル決済の始まり」と書いてありました。

また、吉野彰さんのリチウムイオン二次（充電可能な）電池の発見により、世界のCO2削減は加速されています。しかし、吉野さんはノーベル賞を取るかなり前から海外での知名度が抜群であったのに、日本国内では、リチウムイオン二次電池が日本人の発明であることが取り上げられていないことが、海外にいる私には不思議でした。

このように、海外から見ていると、不思議に日本の中では取り上げられないエンジニア、起業家、ベンチャーに、ファイナンスのサポートをすれば、GAFAに対抗できると私は信じています。

具体的に言えば、私よりも5歳年上の塩村仁さんが創業なさったノーベルファーマという会社。世界の55カ国で年間40万人から80万人の子どもたちが亡くなっているマラリアに対してのワクチンの第一フェーズ治験で74パーセントというとても素晴らしいデータをたたき出しました。

アメリカがモデルナ社に資金援助した金額からすれば少額の600億円の資金調達ができ、開発速度が速まれば、アフリカ、アジア、中南米の55カ国は日本のハイテク分野での力を認識するでしょう。

5月には台湾に6月にはベトナムに、アメリカよりも先に日本でライセンス生産したアストラゼネカ製のワクチンを寄付して、両国の国民からこの30年間では最高の賛辞を受けたのと同じように、マラリアがCOVID-19と同じくらい問題になっている55カ国にとっては、日本が行なえる最高の外交となり、モデルナ社やビオンテック社と肩を並べるワクチンメーカーになる可能性を秘めています。

私よりも27歳若い、メンタリストDaiGoさんのベンチャーのDラボは、投資コストほぼゼロで、初年度から年間10億円の利益を出しています。「知識のネットフリックス」を標榜するDラボは、本家のネットフリックスやフェイスブックを超える勢いがあるユニコーンであることは間違いありません。

「AIが発達すると仕事がなくなる」とか「少子化が進むと労働力が減って大変だ」などと、2つのベクトルが真逆にもかかわらず私たち日本人は、どちらに対してもネガティブに反応しがちです。

しかし、AIは労働時間を減らすために有効なので、少子化が進む日本がバランスの取れた成長ができるはずではないかという前向きな話にもできるのではないでしょうか？

突き詰めていくと、高齢化にともない、健康寿命の延伸が可能になれば、社会保険料の増大も抑えられるのではないでしょうか？

AIを駆使して、イギリスのエジンバラ公のように99歳でも自分で車の運転をして、ほとんど病院での介護が必要ない健康管理を、スマホとクラウドとウエアラブルを使えば、すでに開発されたテクノロジーで可能なのです。

今までの無意味な悲観的で、負け癖のついた考えの枠組みを超えてみませんか？

１９８０年代のバブル時代の勝ちパターンに、日本全体を変化させることは、実は、もっと自信を持つだけでよいのだということを、本書を通じてわかりやすく説明していきたいと思います。

もう1つ必要になるのが、デジタル化に不可欠なスピード感です。

ワクチンの開発が10年から1年に短縮されたことが、今年初めには、日本ではネガティブな印象で報道されていました。世界のルール形成側の勝者がスピードアップしている今、この感覚を直すことこそが、日本が世界での勝者を創り出すことに必要な要素ではないでしょうか。とにかく世界のゲームがデジタル化で瞬時に書き換えられる今日、スピードから背を背けていては周回遅れどころか３周、４周と遅れます。

われわれは、本書を出版するのに、どれくらい時間を短縮できるのかを実験してみようということになりました。

5月中旬に本書の担当編集者の貝瀬さんから届いた企画書には、「出版時期　2021年10月以降」とあったのですが、「どれだけ短期間で出版できるかを実験することが、今後の日本の出版業界の衰退を止めるきっかけとなるのでは」と貝瀬さんに無理を言ってスピード出版の実験のお願いをしてみました。そうしたらなんと2カ月も短縮し、構想がスタートしてから4カ月後の出版となりました。

デフレは悪いこと、人口減少は悪いこと、高齢化は悪いことと、漠然と現状からの変化に対して、ネガティブな印象を持っていることと、1990年1月時点では、いろいろなランキングで1位だった日本が、30年後には、見る影もなくなってしまったことには関連性があるのではないでしょうか。何も変わらない日本、変えられない日本、スピードについていけない日本を象徴しています。その背景には、ルールをきちんと書き換えたり、創造し、海外にも適用してもらい、日本の主義主張をアピールしていく知恵とスキルが必要なのです。

日本なりの未来シナリオの構想を持って、ほかの国が中心になって作り上げたルールに従ってゲームをするのではなく、グローバルなルールを形成する側の視点を持ち、実際にルール形成をすることを通じて、GAFA以上の企業を目指す人々、そういう企業を輩出し、日本に多大な法人税を納めてもらおうと長期的に考える立場の方々に読んでいただきたいと思っています。

はじめまして、房広治と申します。

私は1982年から1990年までと2003年から今日までイギリスで居をかまえております。イギリスから日本を見ると、「ここだけちょっと変えると、日本も復活できるのに」と思う局面が何回もありました。

私は28歳になる直前で就職し、38歳で日本の民間信託銀行では格付けが一番高いＡＡ＋（ダブルＡプラス）のＵＢＳ日本の銀行子会社の社長に就任し、楽天証券の前身のＤＬＪダイレクトＳＦＧの社外役員を務め、独立系のＦＸのヘッジシステムの最大手のテック会社に投資をし、２０１６年からオックスフォード大学のアドバイザーになり、２０２１年からアストン大学の教授になり、世界で初めてモバイル決済の仕組みを作った日下部進氏が出身校の先輩であったりと、それぞれがまったく関係のない、独立した点「ドット」だったのが、昨年のＣＯＶＩＤ-19で突然、コネクト・つながるという偶然が起こりました。

今回は、日本で唯一のルール形成戦略の機関である多摩大学ルール形成戦略研究所の副所長である徳岡先生と一緒に、世界の急激なデジタル化の前線で戦っている珍しい経験を通じて、今、世界で起きていること、そして将来、起こり得ることについて論じました。

デジタル化は世界のルールを形成するチャンスです。
デジタル化の世界のルールを形成しているのがGAFAですが、その基本となる技術はけっこう日本にもあるのです。その技術をルールの書き換え・創造を通じて、世界のために使えるか、日本が再び世界に大きく貢献するには、今のチャンスをスピード感を持って活かすことが不可欠です。「失われた30年」の負け癖を排除して羽ばたくためには、デジタル音痴から脱皮するとともにルール形成の知恵を身につけ、スピード感のあるリーダーシップを発揮していきたいのです。

本書のメインテーマはデジタルマネー最前線ですが、金融機関で働く方だけでなく、すべてのビジネスパーソンに向けて書きました。皆がもっとポジティブに日本の可能性を見つめつつ、真摯に新たな知を学ぶことで、日本のイノベーション力を再構築できると信じています。そんな、現状に問題意識を持ち、何とかしたいと思っている皆さまの理解の一助になれれば幸いです。

今こそ日本企業のイノベーション・パワーを解き放て
――徳岡晃一郎

「日本にはイノベーティブな企業が多い」と言うと、どのような反応が返ってくるでしょうか？

イノベーションといえば、米国や中国、イスラエルやスウェーデンというイメージを持っている方が多いかもしれません。このような国と比べると日本は周回遅れで、世界の最先端を行く企業の真似をするばかりと考えられています。しかし本当にそうでしょうか？

米国の調査会社クラリベイト・アナリティクスから毎年「Ｔｏｐ１００グローバル・イノベーター」というリストが発表されています。「特許を生み出し最先端をリードするアイデア創出の文化を測定することで、世界のイノベーションランドスケープの頂点に立つ企業を明らかに」することがその目的ですが、実は2021年の上位100社のうち、29社までを日本企業が占めています（https://bit.ly/3md41Bn）。

これは最多選出国である米国の42社に次いで2番目に多い数なのです。

中でも、富士通、日立製作所、本田技研、NEC、NTT、パナソニック、信越化学、ソニー、東芝、トヨタ自動車（アルファベット順）は、このランキングが始まった2012年以来10年連続でリストにランクインしています。

一般的には「重厚長大で動きが遅い」とか、「『アジャイル』や『イノベーション』といったビジネスの流行語になじまない」と考えられているような企業名が並んでいますが、このような企業が世界では最先端をリードするイノベーティブな企業として認められているのです。

日本は自虐的な傾向と驕りの傾向が同居しているような社会だといわれています。「失われた30年」を経た今では負け癖がついてしまい、自虐的な傾向が勝っているのではないでしょうか。

しかし、その中でも個々の企業は努力しつづけて世界でも有数のイノベーションを生み出し、イノベーション大国とも呼べるような実績を挙げているのです。

ただし、ソフトウェアやビジネスモデル、国レベルのインフラになると強いとは言えません。また、企業としても国としてもスピードが遅く、プラットフォーマーとして世界のスタンダードを確立するには至っていません。そのため、一見するとイノベーティブな国だとは考えられないのです。


これからはデジタルトランスフォーメーション（DX）の時代です。デジタル化の中で見据えるべきはプラットフォームをベースにしたソリューションビジネスです。ソフトウェアやアプリだけではない、ましてやハードだけでもない、全体のプロセスを連携させて活用し、スケールさせていけるプラットフォームがあって初めてデジタルの強みが活かされます。

そのために必要なのはルール作りや知の活用です。日本企業はすでにハードの面では強みがあります。このエンジニアリングの強みを土台にして、自らがソリューションのプラットフォームを確立し、プラットフォーマーとして業界の革新をけん引する存在になっていくべきなのです。

日本にはイノベーションがあり、技術や知の蓄積があります。そして世界に通用するイノベーティブなマインドセットを持った優秀な人材がいます。今までにつちかったモノづくりに根差した知をどのようにデジタルにつなげていくのか、どのようにプラットフォーマーとして世界を狙うのか——ここに日本のイノベーション力が真に発揮されていく道があると考えます。

「お金のデジタル化」とはデジタルトランスフォーメーションの本丸です。つまり、お金のデジタル化を押さえることとは、日本がイノベーション力を発揮して世界をリードしていくための起爆剤になる可能性を秘めているのです。その可能性を解き放つために、まずはお金のデジタル化の概要から話を進めていきましょう。

目次

第1章 人類史上の最大の変化「お金のデジタル化」

第2章 次世代の世界覇権の主戦場は「お金の新ルール」

第3章 今すぐに解決すべき日本のウィークポイント

第4章

日本が生き残るために
グローバル企業の発想法を知る

第5章 日本の未来は「イノベーターシップ」にかかっている

おわりに

構成　レナード美香／ブックデザイン　bookwall／本文DTP&図版作成　津久井直美、天龍社
プロデュース&編集　貝瀬裕一（MXエンジニアリング）

第1章

人類史上の最大の変化
「お金のデジタル化」

「お金のデジタル化」はデジタルトランスフォーメーション（DX）の本丸

「お金のデジタル化はどのように進んでいるのか？」「お金がデジタル化された先にはどのような世界が待っているのか？」「日本はお金のデジタル化においてどのような立ち位置にあり、将来的に競争に勝ち抜いていけるのか？」――お金のデジタル化というものは、技術的にも実装という観点からも日々刻々と変化しているもので、そこにはさまざまな問いが存在しています。

本書ではここで挙げた問いを1つ1つ解きほぐしていきますが、まずはお金のデジタル化というものがデジタルトランスフォーメーション（DX）という大きな流れの中にあること、DXの中でも特に経済や社会や私たちの日常生活に非常に大きな影響を与えるものであることを前提として理解しましょう。

DXとはそもそも何でしょうか？

それは「24時間365日オンラインになって世の中とつながっていること」「IoTやスマートシティが現実のものとなり、私たちの生活がより便利に、より快適なものに変化していくこと」などと理解されています。

たとえば、ウエアラブルデバイスを身に着けていれば、デバイスが毎日自分のバイタルサイン（生命徴候）を自動的に計測し、AIがそれを分析し、何か異常があれば即座に通知を受け取ることができるようになります。

スマホとAIを使えば、誰でも個人的な専門医に毎日診断してもらうのと同じ効果が得られるというわけです。病院でしかできない血液検査だけは1年に一度病院にお願いするとしても、ほかの健康情報の取得と分析は病院と同じようなレベルで、しかも毎日のように実施することができます。

高齢者にウエアラブルを身に着けてもらうと、倒れたときなどの緊急性の高い事象をすぐに把握できることになります。健康状態を常に把握して効果的な疾病・介護予防に当てられるだけではなく、運動をうながすアプリを使って健康増進につなげることもできます。

製造業では人を必要としないスマートマニュファクチャリングが進み、小売店では今後レジが姿を消すかもしれません。つまり、DXが進むとあらゆることの「見える化」が進み、必要ない人、必要のないものまで見えてしまいます。

自分の健康情報やその異常値のモニタリング、高齢者の見守りや支援、建設現場での作業手順やスピードの管理、原材料の調達、小売店で誰が何をいつ買ったのか――あらゆることについて、次に何が起きるのかがわかり、それに対してどのような手を打つ必要があるのかがわかる、これがDXがもたらす未来です。

DX社会を実現するために欠かせない2つの要素

DXを成功させるために欠かせないものは何でしょうか？

1つ目はエンドユーザー目線です。エンドユーザーの体験をどのように向上させたいのか目的意識を持ってものを考える発想です。今までの多くのシステム構築や制度設計は、ハードやソフトのスペックを先に決めるというメーカー的な発想が主流でした。スペックに人間が合わせていました。

しかし、これからは人間の希望や思い描いた未来にスペックを合わせる時代です。エンドユーザーをどのように助け、エンドユーザーの利便性をどのように高め、何を実現したいからサービスの質や効率性の向上をどう図るのか、といった点に注目することが重要になります。

2つ目は、「10年後や20年後にどのような社会を実現したいのか？」というビジョンです。DXを活用して企業や社会をどこに持って行きたいのでしょう？　10年後や20年後のこの国の姿をどのように描くのでしょうか？

たとえば、サウジアラビアではモハメド・ビン・サルマン皇太子が主導して実現を目指す国の姿を「ビジョン2030」として掲げています。これは経済の原油への依存度を減らしつつ金融をはじめとする新産業を育成する経済改革の大胆なフレームワークですが、この中で、エジプトやヨルダンに隣接する砂漠の中にDXを活かした近代的なメガスマートシティ「NEOM」を建設する計画が含まれています。

何もない広大な土地に、デジタルの力をフルに活用した未来都市を5000億ドル（約55兆円）かけて建設するという壮大な計画が話題になっています。

ちなみに、サウジアラビアはこの「ビジョン2030」の中で、2019年には36パーセントであったキャッシュレス取引を2025年までに70パーセントまで高める方針を打ち出し、デジタル決済や電子決済への移行を発表しています（※1）。

また、2030年までに現金やATMをなくし、現金輸送車をなくすことによって、脱石油やカーボンニュートラルのイニシアチブでも世界でリーダーシップを発揮していきたいと考えています。これは政府主導による大規模なキャッシュレス化をDXの中心に考えた取り組みであり、成功するかどうか注目していきたいところです。

また、DX先進国として知られるエストニアは、かつてはEUの中でも最貧国の1つでしたが、30年前に旧ソ連から独立した際に、ITによる国づくりを構想して電子政府として機能するためのさまざまな政策を進めてきました。

初代と二代目の総理大臣がいわゆるＩＴオタクであり、自分たちの国に最もふさわしいと考えるシステムを導入していった結果、納税や投票、パスポートの取得などあらゆるサービスがスマホ1台で完結するようになっているのは有名な話です。エストニアは今では購買力で日本と肩を並べる経済力を持ち、コミュニケーションツールのＳｋｙｐｅを生み出した国としても有名です。

※1 https://www.vision2030.gov.sa/v2030/vrps/fsdp/

パンデミックが世界のＤＸ化を加速させた

ＤＸで世の中は変わります。そして、ＤＸで世の中を変えていけるのです。しかも日本人の手でこの大きな変化を生み出していくことができる、そうすべきであると筆者は大いに強調したいと思います。

日本は今までも最先端の技術を生み出す人材を輩出してきました。今の若手の中には世界で戦っていけるだけの素養や知見を持った人材が数多く存在しています。求められているのは、ＤＸに求められるエンドユーザー目線や目的意識、そして将来を見据えたビジョンです。世界をリードしていくという発想の転換なのです。

新型コロナウイルス感染症の世界的な流行にともなう経済のロックダウンや規制によって、ＤＸの動きが5年分も10年分も加速した分野があります。パンデミックのような混乱の時期や、経済社会の過渡期は大きなチャンスでもあり、1〜2年後には勝者と敗者が入れ替わっている可能性もあります。

たとえば、コロナ禍の当初、アメリカやイギリスでは対策の失敗や遅れが目立ち感染者を多数出しましたが、ワクチン開発で世界の先陣を切っただけではなく、ワクチン接種のスピードも目覚ましいものがあります。

ワクチン開発ではＡＩを活用してスピードと精度を各段に高めつつ、治験のフェーズごとにデジタル化が進んでいたことで治験段階から生産整備や投資金額の予測などが可能となりました。ワクチン接種予約や対象者の照会などはオンラインで完了し、接種証明もクラウド管理されるなど、ワクチン接種にはデジタルの力がフルに活用されています。

コロナ禍は社会を変えるきっかけでもあり、どのように社会を変えていくかについての競争をうながすものです。このような混乱期を世界のリーダーとして切り抜けていくには、変化に対応して自分や国をどれだけ変えられるのか、どれだけデジタルの力を使いこなすのかといった意識変革やルール作りの競争がカギなのです。

「お金のデジタル化」はすべての分野のデジタル化につながる

あらゆる分野でDXの必要性が叫ばれる中において、お金のデジタル化はその本丸です。そもそもお金というものはデジタル化との親和性が最も高く、デジタル化の効果が最も出やすい分野です。お金そのものが人間によって生み出された概念であり、ワクチン開発などのような自然相手のものとは本質的に異なっているというのがその理由です。

私たちの誰もが金や銀、そして紙に対して価値が保存されているという概念を子どもの頃から教えられてきました。主義主張にかかわらず、政府も企業も個人も、お金を価値あるものだと認めています。

お金という概念は人間にしか理解できない大きな発明です。お金の起源は正確にはわかっていませんが、世界のさまざまな場所でさまざまな歴史の段階において、経済を円滑に進めるための価値の保存手段としてお金というものが発展し受け入れられてきたというのが一般的な解釈です。

お金は「価値の保存」「交換の手段」「価値の基準」という3つの要素を備えたものです。その表現方法として過去には貝殻や金・銀・銅が使われ、近代では硬貨や紙幣の形になったり銀行口座に記帳されたりするものとなり、そしてこれからはデジタルへと形を変えていきます。

言うまでもなく、どのような経済活動にもお金が介在します。よってお金をデジタル化するということは、あらゆる経済活動をデジタル化していくことにつながります。デジタルトランスフォーメーションの本丸「お金のデジタル化」は未来社会への入り口であり、すでに現実として急速に進んでいる現象です。


DXの中でお金のデジタル化がほかの分野と性格を異にする特別な理由はほかにもあります。セキュリティの重要性です。ハッカーが最終的に手に入れたいと考えているのはお金であり、それを防御できる水準のセキュリティは必然的に最高のセキュリティになるべきです。

とはいえ、セキュリティのレベルを高めると、必ずそれをしのぐハッカーが現れ、それを防ぐためにまた次のレベルのセキュリティを開発する——セキュリティはこのイタチごっこです。

このような世界の中で、お金に関するセキュリティは国家の軍事レベルと同じ水準まで高められていく必要があります。デジタルのお金を守れるだけの高いレベルのセキュリティを確保できれば、ほかのどのようなデジタル化のサービスにも対応できるということです。

つまり、お金のデジタル化を押さえられれば、ほかのあらゆる分野のデジタル化も押さえられるという非常に大きな強みになるのです。

今はまだあいまいな「お金のデジタル化」

ここで「お金のデジタル化」と一般的に呼ばれている現象について一度整理しておきましょう。

「お金のデジタル化」という言葉を聞くと、「○○○ペイ」やクレジットカード決済などのいわゆる「非接触型決済」や「キャッシュレス決済」と呼ばれるものを思い浮かべる方、ビットコインやフェイスブックのリブラなどの「仮想通貨」のことだと考える方、あるいは、中国で構想が進んでいるデジタル人民元など各国の中央銀行が発行する「デジタル通貨（CBDC）」を思い浮かべる方など、さまざまでしょう。

「お金のデジタル化」というのは、コンビニで買い物をするときにスマホを取り出して「ピピッ」と支払うことを指すのでしょうか？　不動産や自動車をビットコインで購入できることなのでしょうか？　それとも現在の日本円（紙幣、コイン）がデジタル円に置き換わってしまうことなのでしょうか？

実は、「お金のデジタル化」とひとくちに言ってもさまざまな考え方が混在したまま議論が進んでいるのが現状です。多くの方は、レジで「ピピッ」で済む決済こそがデジタル化だと考えるかもしれません。現金をともなわないキャッシュレス、現金の代わりに使えるものという意味でのデジタル化です。

キャッシュレスの比率を高めることがお金のデジタル化の1つの指標になっているケースもあります。あるいは、「ペイパル・マフィア」と呼ばれるペイパルの創業者ピーター・ティール氏や、もう1人のペイパル創業者でテスラのCEOやスペースXの創業者として有名なイーロン・マスク氏などは、国が発行や流通を管理する法定通貨に代わるものとして、もっと自由にかつ安全にお金をやりとりできる仮想通貨の可能性を模索しています。

ペイパル設立当初、彼らは、どの政府からも独立した効率のよい世界通貨を作り出すことを目指しました。昨年、一時的にマスク氏がビットコインで車を購入できるようにしようとしたのも、ペイパル時代の影響でしょう。結果としてペイパル・マフィアの言動が、価格の変動を招くなど大きな影響を与えています。

さらには、現金の代わりに発行される可能性のある中央銀行デジタル通貨（CBDC）の動向からも目が離せません。

中央銀行デジタル通貨の中にも、お金の所有者が現金や現金を電子的に使う「トークン型」（今のチャージカードの概念がこれに相当します）、銀行口座間の資金移動のように口座にある残高を記帳することで送金する「アカウント（口座）型」という2つの形式が検討されています（左図参照）。

これに加えて、中央銀行が直接発行するものと民間銀行などを介在させるものの2つのタイプがあります。

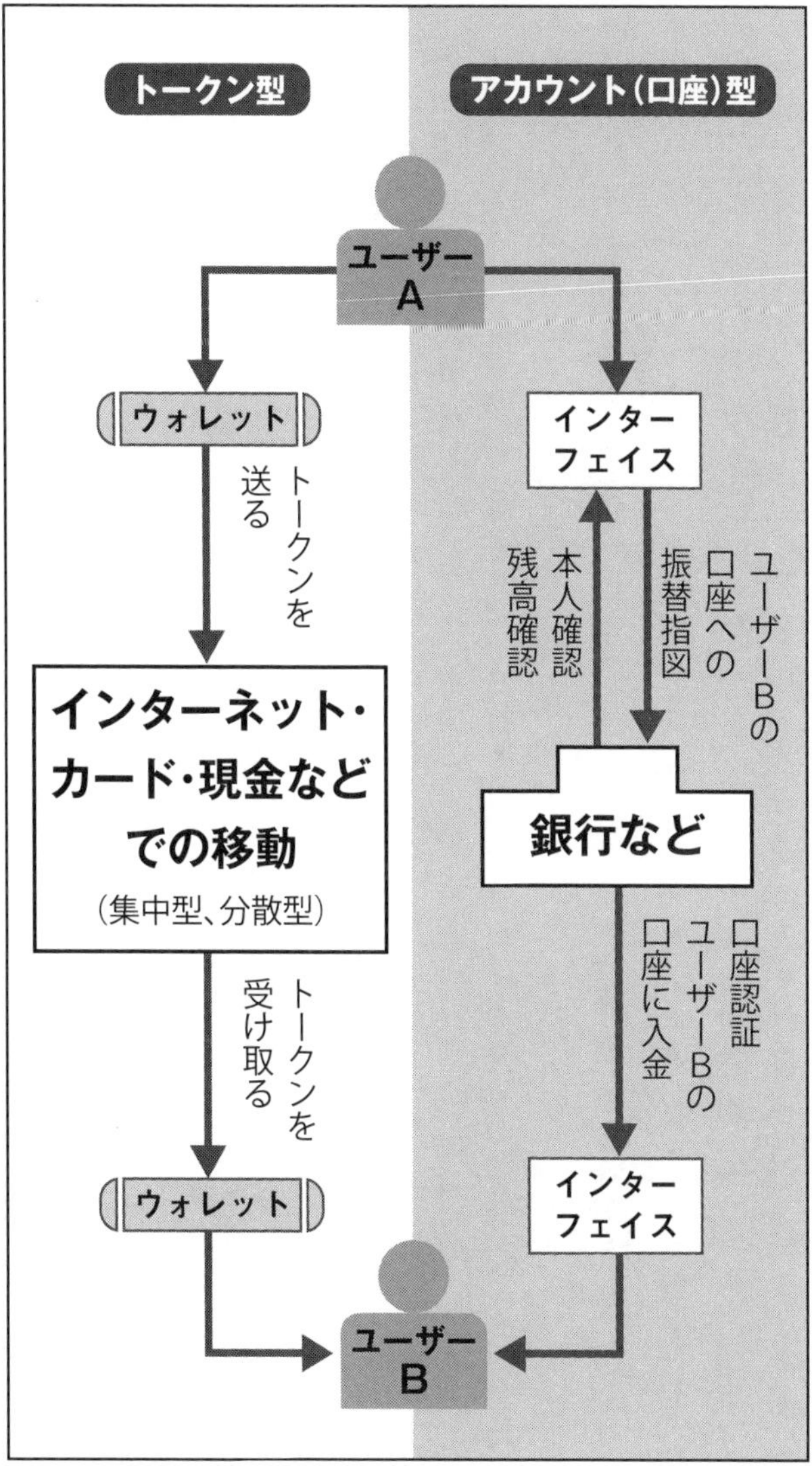
トークン型
アカウント(口座)型
ユーザーA
ウォレット
トークンを送る
インターネット・カード・現金などでの移動
(集中型、分散型)
トークンを受け取る
ウォレット
ユーザーB
インターフェイス
本人確認
残高確認
ユーザーBの口座への振替指図
銀行など
口座認証
ユーザーBの口座に入金
インターフェイス

「デジタル化」の定義が不透明な今こそ日本のチャンス

究極的には、紙幣やコインよりも高いセキュリティが保証され、どこでも使え、手数料が安く、即時決済が可能な決済手段が出現すれば、法定通貨そのものが即時決済できるものに収斂されていくと論じられています。つまり、スピードが遅く手数料の高い銀行決済がスピードや利便性にまさるテクノロジー会社に淘汰されていくということです。

フェイスブックがリブラ（現在のディィエム）の構想を発表したときに世界の金融機関が恐れたのはまさにこの点です。

イングランド銀行（英中央銀行）のカンリフ副総裁は、「（パンデミックを受けて）この1年で現金から電子マネーやデジタルマネーへの移行、『公的なお金』から『私的なお金』へのシフトが進んでいる」とし、「国民が『公的なお金』を利用しつづけられるようにしたいのであれば、イギリスとしては『公的な』デジタル通貨の発行が必要になるだろう」と発言しています（※2）。

どれだけの量のお金がデジタル化の対象になるのかについても理解や議論に混乱があります。世界全体のお金の量、いわゆる「M2（※3）」と呼ばれるマネーサプライは全世界でおよそ100兆ドル（※4）といわれていますが、その中で紙幣や硬貨、当座預金の形で中央銀行が発行・管理しているのは全体の2・6パーセントにすぎません。

2021年4月、仮想通貨全体の時価総額が2兆ドルを超えたことが大きなニュースになりました。この数字を中央銀行が管理している2・66兆ドルと比較すると非常に大きな金額ですが、M2全体の100兆ドルと比較すると現時点ではあまり大きな金額とはいえません。定期預金やMMFなどを除いた民間銀行が保有する預金の総額は32・7兆ドルですから、こちらのほうがはるかに大きくなっています。

このような世界のマネーサプライの中で、どの部分が「キャッシュレス」「仮想通貨」「中央銀行デジタル通貨」の対象となるのか、統一した議論の土台はありません。

さらには、仮想通貨というものは民間が発行し、中央銀行などの管理者が存在していないものだと一般的には理解されており、これが仮想通貨と中央銀行デジタル通貨との区別になっていますが、今後この2つの関係性についても変化していく可能性が大いにあります。

つまり、「お金のデジタル化」そのものは、技術としても考え方としても発展途上のものであり、世界的に確立した標準は存在していません。10年後にはまったく違った解釈になっている可能性があり、何と何を比較して、あるいは何をもってして「お金のデジタル化が進んだ」といえるのか――その軸はいまだ不透明です。

その意味では、この分野において日本人がお金のデジタル化にまつわるルールを作り上げていければ、日本としてこの分野でリーダーシップを取ることになるでしょう。大きなチャンスなのです。

※2　https://www.bankofengland.co.uk/speech/2021/may/jon-cunliffe-omfif-digital-monetary-institute-meeting

※3　現金通貨＋預金通貨＋準通貨＋CD（預金通貨、準通貨、CDの発行者は、国内銀行など）。

※4　パンデミック前の数字。

キャッシュレスのルーツは日本の技術

「お金のデジタル化で日本人がルールを形成し、リーダーシップを取る」と言うと、あり得ないことのように感じる方もたくさんいらっしゃるでしょう。日本にはGAFAのようなプラットフォーマーを出現させる素地がなかった、日本は技術的にアメリカや中国に立ち遅れている、日本にはデジタルのマインドセットがない――など、ネガティブな思い込みが先行している現状では無理のないことかもしれません。

しかし、お金のデジタル化の今までの歴史をひも解くと、さまざまな重要な局面において、現在につながるキャッシュレスや非接触による支払いに日本人が大きな貢献をしてきたことがわかります。

今後のお金のデジタル化の行方を占うために、これまでの経緯とその中で日本人が果たしてきた役割を振り返りましょう。

「一般の人に影響を与え、消費者の生活を変えた」という観点でお金のデジタル化を考えると、大きな転換点は、現金よりもスピードが速く安全で便利なキャッシュレスによる支払いの登場でした。それが1997年に香港で導入されたオクトパスカードです。

ちなみに、この直後に香港に追随する形でイギリスでもほぼ同様のスペックのオイスターカードというものが導入されています。両カードはともに交通機関の運賃支払いに使われるチャージ型のスマート決済カードです。日本のＳｕｉｃａの原型であると考えるとわかりやすいでしょう。

同年の香港の中国返還を機に、香港交通局はすべての交通機関で利便性を確保しつつセキュリティの高いカードシステムを使えるようにしたいと考え、世界のフィンテック企業にコンペを呼びかけました。コンペの結果、選ばれたものがオクトパスカードと呼ばれるようになったのです。先ほど「消費者目線の目的がＤＸの推進の基本にある」と述べましたが、香港政府が「誰もが使える電子マネーを使って交通機関の利便性を高めたい」という目的を明確なスペックとして打ち出したことは、画期的な出来事でした。

ちなみに、当時、電子マネーの開発や運用で先頭を走っていたのは１９９０年に英ナショナル・ウエストミンスター銀行が開発した「モンデックス」という決済システムでした。モンデックスは、日本でも当時の富士銀行などを巻き込んで実証実験が行なわれており、今でいうところのフィンテックの草分け的存在でした。

さて、香港交通局によるコンペにおいてこのモンデックスに勝って採用されたのがオクトパスカードです。このカードには当時ソニーに在籍していた日下部進氏が開発したＩＣ技術「ＦｅｌｉＣａ（フェリカ）」が搭載されていました。フェリカは電池などの電源を必要とせず、高速で正確な処理を担保し、そしてセキュリティも高いという点で、当時の世界においてずば抜けた先端技術だったのです。

電子決済といえどもそれまではPINの入力などの手続きのために現金よりも時間がかかっていたものを、「ピッ」という一瞬の出来事に変えてしまったのです。まさに当初の目的である「誰でも使える利便性の高い電子マネー」というビジョンに合致したものでした。

フェリカには、現在「ブロックチェーン」と呼ばれる手法がすでに使われていたというのも興味深い点です。

ブロックチェーンとは取引情報などのデータを分散したコンピュータに記録し、ネットワークの参加者が同一の台帳を保有していることでデータの信ぴょう性を高めようとする技術です。情報のかたまり（ブロック）を鎖（チェーン）のようにつなげることで、連続した情報の一部の削除や改ざんができないようになっています。

技術自体は1970年代頃から使われていたものですが、決済情報の記録として利用しはじめたのは日下部氏だといわれています。今ではブロックチェーンという言葉は仮想通貨の管理手法として理解されていますが、決済におけるその流れはオクトパスカードに起源があるのです。

世界初のモバイル決済は「おサイフケータイ」

もう1つの例としてモバイル決済についても見てみましょう。

あまり知られていませんが、実は世界初のモバイル決済のサービスも日本から生まれたものです。2004年にNTTドコモが出した「おサイフケータイ」がモバイル決済の世界第一号です。これにも香港のオクトパスカードに使われた技術、フェリカが活用されました。

残念ながら日本では「おサイフケータイ」は利用や普及が進まず低空飛行してしまいました。とはいうものの、現金を使わずに携帯電話で支払うという概念が日本から生まれたのは注目すべき点です。

ところで、このおサイフケータイの機能と利便性に目をつけたのが、当時日本で携帯電話サービスを展開していたボーダフォンです。

同社は2007年にケニアにおいて、このおサイフケータイの考え方をもとに「Mペサ」というモバイル決済サービスを開始しました。ケニアには銀行口座を持たない人たちが多数存在します。Mペサは銀行を介さずに携帯電話のショートメッセージで決済を完了するもので、ガラケーからでも利用できます。セキュリティや本人確認などが盤石《ばんじゃく》とはいえないため、決済金額には上限が設けられているものの、スペックとしては同国のニーズにしっかりと合致しています。

今ではMペサはケニアのあらゆる人に利用され、公共料金や学校の授業料の支払いから小規模商店での支払い、個人間のお金のやりとりにいたるまで、ケニアでの生活には欠かせない金融インフラであり、アフリカ最大のフィンテックのプラットフォームになっています。実際、ケニアではお金のやりとりがほとんどMペサに置き換わってしまったため、現金による支払いを受け付けてもらえないという状況です。

スウェーデンの「お金のデジタル化」

お金のデジタル化がDXの本丸というのであれば、逆に言うとお金のデジタル化に立ち遅れた国、何年後でも現金を流通させているような国はDXに失敗してしまった、「スマートネーションになり損ねた国」ということになります。

国が現金を印刷・発行するコスト、民間銀行が現金受け渡しのための窓口やATMを維持するコスト、国中に現金輸送車を走らせ警備員を雇用するコスト、現金輸送という行為から生み出される二酸化炭素排出、犯罪や資産隠しの可能性――どれをとっても「スマートネーション」にふさわしいものとは言えないでしょう。

世界の国々はお金のデジタル化という面で現状どのような様子で、どこに向かっているのでしょうか？　各国の状況を見てみましょう。

スウェーデンは世界の中でもキャッシュレスが進んでいる国だといわれています。

現金による支払いは2010年には全体の40パーセントを占めていましたが、それが2020年には9パーセントにまで減少しています（※5）。都市部では、現金での支払いを受け付けない小売店や飲食店が数多く存在します。

国土が広大で人口密度が低いため、現金輸送にかかる時間とコスト、エネルギー消費を考えると、国の隅々にまでATMを置いて現金を行きわたらせることは膨大なムダです。この現実が同国でキャッシュレス化が進んだ理由の1つだと論じられています。

さらに、「バンクID」というモバイルアプリがスウェーデンの個人識別番号にひも付けられており、オンラインバンキングから契約書の署名にいたるまで、金融以外のあらゆる公共サービスにも利用できるようになっています。

先ほど紹介したケニアのMペサのように、国民に銀行サービスが普及していない国や、安心して現金を使えない国では、モバイル支払いはフィナンシャルインクルージョン（すべての人が金融サービスを利用できる）を一気に高めることにもつながります。

アジアの発展途上国なども該当します。かなりの数の発展途上国で、すでに携帯電話の保有率が100パーセントを超えているため、現金をくまなく過疎地域まで流通させたり、国民に銀行口座を持たせたりするよりは、携帯電話を利用したデジタル決済を普及させるほうがコストやスピードの面や犯罪防止の面からもまさっています。

銀行サービスが未発達であるという弱みがかえってモバイル決済を加速させるというのは興味深いことです。ショートメッセージを利用した送金のように現在利用できるモバイル決済のすべてが高いセキュリティ対策やプライバシー保護を十分に備えているとは言えません。しかし、特に途上国においてはこの点が解決できれば、支払いが完全にキャッシュレスやモバイル決済に移行していくスピードが飛躍的に高まるのです。

※5　https://www.riksbank.se/en-gb/payments--cash/payments-in-sweden/payments-in-sweden-2020/1.-the-payment-market-is-being-digitalised/cash-is-losing-ground/

世界最先端のキャッシュレス国家、中国のビジョン

お金のデジタル化という話題においては、中国の状況は必ず押さえておく必要があるでしょう。中国は金融だけではなくDX全般について、世界の国々の中でもビジョンや考えにおいて圧倒的に進んでいます。それだけではなく、そのようなDXの推進を支えるだけの高い技術力も持ちあわせています。

中国は金融サービスをインフラの一環としてとらえ、この考えの中でお金のデジタル化も進めているという点でほかの国々と違った視点を持っています。ですから、どれだけ田舎に行ってもアリペイやウィーチャットペイが使える仕組みが整えられていることに驚きます。

全国津々浦々に今までに張りめぐらされてきた金融というインフラの延長として、それをキャッシュレスに置き換えたのが今の形です。「日本に旅行に来た中国人が成田空港で最初に買うのは財布だ（なぜなら、中国では現金を使う習慣がないが、日本では現金

を持ち歩く必要があるから）」というのは、まことしやかに語られる笑い話です。

中国が一段と大きな大局観を持って取り組んでいることがわかるのが、インフラとしての金融をほかの国にも輸出しているという点です。

高速道路、水道、鉄道、電話などのシステムや技術に加えて、金融インフラも中国製のものを海外に持って行くことで、「一帯一路」の広域経済圏をいっそう強化しようとしているのです。相手国としては、港湾や鉄道などほかの社会インフラも中国からの支援で建設が進んでおり、さらに国民に広く銀行サービスが行きわたっていないという状況において、中国が資金や技術を出してデジタル金融の仕組みを導入し、国民全員にデジタル通貨が行きわたることになるのであれば、インフラ全体を中国にまかせたいと考えてもおかしくありません。

このような支援プロジェクトであっても中国は自国の労働者を送り込み、自国の技術や機械を使うため、結果として自国のお金が海外でまわることになります。ＧＤＰには直接反映されないにしても、中国の人民元経済圏が拡大することになるというわけです。

これは、ドル本位でまわっている世界貿易に対抗し、ドル抜きでの人民元の経済圏を確立しようとする動きでもあり、デジタル人民元が発行されたときにはその流通先を確保することにもつながります。よって、金融のデジタル化は中国にとっては30年先を見据えた大きな世界戦略の一環であり、大きなビジョンのもとに進められている政策なのです。

お金がデジタル化すると、社会はどう変わるのか？

紙幣や硬貨がなくなり、お金がデジタル化されたときに社会はどのようなものになるのでしょうか？

まず財布を持つ人はいなくなるでしょう。現金はもちろん、クレジットカードも不要になるでしょう。

実は、クレジットカードに入っているセキュアチップはコストの観点からもセキュリティの観点からも最適とはいえません。

まず、コストという意味では、セキュアチップそのものが1つ当たり数百円程度です。そしてプラスチックのカードの郵送やカードの有効化に2000〜3000円程度かかります。このようにコストのかかるカードを日本では1人で複数枚保有しています。

さらに、カードのクレジット限度額などの個人情報やチャージされたお金が記録されているため、3年に1回程度の頻度でセキュリティチップをアップグレードする必要があります。これがカードの有効期限が3年程度に設定されている理由です。


もし、これがすべてスマホに置き換わったらどうでしょうか?

まずセキュアチップとその有効化のコストが不要になります。セキュリティのアップグレードはサーバで完結するため、カードの有効期限が不要になるだけではなく、セキュリティのアップグレードの頻度も上がります。

また、プラスチック製のカードを製造するコストや材料も不要になります。プラスチック削減という環境保全にもつながります。つまり、お金がデジタル化された社会ではクレジットカードすら姿を消し、子どもから大人まで全員がスマホを使って支払いが完結されるようになるのです。

お金のデジタル化はデジタルトランスフォーメーション（DX）の本丸ですから、お金がデジタル化されると付随するサービスも向上し、効率性がアップします。

たとえば、コロナ対策を考えてみましょう。すでにスマホとウエアラブルを使って、病院で検査するのと同レベルで血中酸素濃度を測れるAIのアプリが登場しています。これを使えば、コロナに感染したかどうか、酸素吸入が必要かどうかを知ることができます。究極的には、低コストで精度の高い遠隔診断ができる世の中が実現します。

サービスや効率性だけではなく、さまざまなコストも引き下げられます。

たとえば、住民票を1枚請求するのに現在では数百円支払う必要がありますが、完全にデジタル化されれば1円でできるかもしれません。市町村は浮いたコストをほかの住民サービスのために使うことができるでしょう。

為替手数料や証券会社に支払う株式売買手数料は実際に引き下げが進んでいます。為替や債券・株などの金融取引のデジタル化が進んでいるためです。株式売買はイギリスやアメリカでは手数料ゼロの証券会社も登場しています。金融機関としては手数料をゼロにしてもスプレッドやほかの分野で稼ぐ新しいビジネスモデルに変えていくというのがすでに世界中で起こっています。

お金が見える化されて、リスクが限りなく下がる

経済全体に目を向けると、お金が完全にデジタル化された世界では世界金融危機（リーマンショック）のような金融ショックが起きにくくなります。

現状ではお金の色分けができないため、どこかの金融機関が破綻すると、それがどこまで、どの程度波及するのかが即座にはっきりしないことが不安心理の要因であり、取り付け騒ぎを引き起こすのです。

　ところが、金融が完全にデジタル化されたら、決済用にだけ使われるお金と、銀行がリスクを取って信用創造（銀行から企業や個人への貸付）のために使うお金をはっきりと区別できるようになります。ある金融機関の破綻によって、どの区分のお金がどの程度の規模で影響を受けるのかが「見える化」されるということです。

　このように決済用のお金とリスクを取るお金を色分けするという考え方は、専門的には「ナローバンキング」と呼ばれます。決済のためのお金は金利をともなわない代わりにリスクもないものとされ、金利を付けて貸付などにまわすリスクのあるお金と分別管理するという理論です。

　お金を区分して「見える化」できると、カウンターパーティ（取引相手）の信用リスクや、銀行のリスク管理の手法によって、リスクに応じた貸出金利を設定することが可能になる、というわけです。

果たして日本は先進国として生き残れるのか？

日本はフェリカの技術をベースにオクトパスカードやモバイル決済といった2大イノベーションを起こした日下部進氏という人物を輩出しました。また、リチウムイオン電池を開発したのはノーベル賞を受賞した吉野彰氏であり、リチウムイオン電池がなければ今のテスラも存在していなかったかもしれません。

今後、日本が先進国として生き残れるかどうかは、この国が生み出している天才たちのビジョンを素早く認めて実行に移せるスピードと、それを国際的な標準として確立していくために自らが主導権を握ってルール形成していくというマインドセットがカギになります。

スピードもルール形成のマインドセットも自分たちの力でコントロールできるものです。これまでも、日下部氏や吉野氏の功績を正しく認めて、それをビジネスに取り入れようとするイノベーションをサポートし、それを標準として確立できていれば、あらゆる分野においてプラットフォーマーになれていたはずです。

特に今は、新型コロナウイルス感染症のパンデミックを受けて世の中が混乱しています。この混沌とした状況の中で新しい方向性をいち早く示し、それを主導していくものが勝ち組となるでしょう。「今のプライオリティは何か？」「最も考えるべきことは何か？」という点に注目し、10年後や20年後の姿を見通す力を身につけることです。


数々の天才を生み出してきた日本には、今後のイノベーションの土壌が確かに整っています。これから登場するであろう天才たちを認め、リーダーをサポートし、ビジョンやアイデアをスピーディーに取り入れることです。基礎はあるのですから、意識を変えるだけで勝てるチャンスは大いにあります。

この戦いを制するにはお金にまつわる新しいルールへの理解と、そのルール作りの主導権を握ることが不可欠です。次の章では「戦いの場がどこにあるのか？」という観点からお金にまつわるルールについて考えていきましょう。

第2章

次世代の世界覇権の主戦場は「お金の新ルール」

「デジタルマネー戦争」はリーダーシップの争い

「お金に関する戦い」とは何でしょうか？

つまり、どのようなルールを形成し、何を制すれば「勝った」といえるのでしょうか？

筆者は、お金の流れと残高を握るプレイヤーが世界のリーダーシップを取る、つまり「覇権」を握ると考えます。覇権を握るとは、経済力・政治力・軍事力を利用して自国以外の国に対しても民主主義、市場主義、社会主義、資本主義などの価値観や影響力や支配力を拡大していくこと、つまり自国の力で世界のルールを決めていける力があるということです。

2016年の第6回アフリカ開発会議（TICADVI）において、日本は「自由で開かれたインド太平洋」という構想を発表しました。この中で構想実現のための日本の取り組みとして三本柱が掲げられています。

その1つに、「国際スタンダードにのっとった『質の高いインフラ』整備等を通じた連結性の強化などによる経済的繁栄の追求」がうたわれています（※1）。安全保障の概念が、単に軍事だけを考えていればよかった時代から、経済力による外交の重要性に注目する時代になったことが示されています。そこでポイントとなるのが、その経済力を支えるお金の流れです。

あらゆる経済活動にはお金のやり取りが必ず関与します。よって、国際的なお金の流れを押さえるということは、自国の通貨圏や経済圏を確実に維持し増大することであり、その経済圏の中にいる他国に対して経済的に優位な立場に立つことができるということです。さらには、この囲い込みの力が政治的また軍事的な影響力や支配力の土台にもなるのです。

国を守り、国の経済や社会システムを守るという場合には、軍事的な安全保障だけではなく、お金の流れが覇権に直結するのだという意識を持つ必要があります。10年、

20年、さらにはもっと先まで堅牢な国のシステムを維持するためには、お金の流れを含めてどのように安全保障をはかっていくのかという本質的な議論が不可欠なのです。

世界のリーダーシップにはもう1つの力も作用します。世界経済で自らがルールと基準を確立し、さまざまなサービスや経済活動に欠かせない基盤になっていくプラットフォーマーの力です。プラットフォーマーになれるだけのイノベーションを生み出し、この分野にうまくお金を配分して育てていくことによってルール形成の主導権を握ることができれば、世界のリーダーになることができます。

産業競争力を養い、イノベーションの力を発揮させられる技術や分野を目利きし、そこにお金を最適に配分していくこと——これがリーダーとして大きな影響力を手に入れる道筋なのです。

※1　https://www.mofa.go.jp/mofaj/gaiko/page25_001766.html

アメリカの覇権を支えるドル本位制

お金の流れと覇権について、近代の国際通貨体制の歴史を振り返るとよくわかります。

アメリカは第二次世界大戦直後に世界一の金保有量（世界の約80パーセント）をベースにしたドル本位制の下で、世界の覇権を握りました。そこに挑戦したのが1980年代の日本であり、ユーロという通貨統一によって欧州の力を高めようとした欧州連合（EU）であり、そして今では「一帯一路」という構想の下で自国経済圏の拡大を模索している中国です。

まずは、「マネー戦争＝覇権をめぐる戦い」ということについて、少し歴史を振り返って検証しましょう。

長い間お金の価値を裏付けるものは金や銀でした。最終的には金に交換できると皆が信じていることを根拠として貨幣には価値が認められていたのです。

しかし、１９２９年の世界大恐慌を発端に、金本位制は崩壊してしまいます。第一次世界大戦の賠償金負担が重く、経済的に行き詰まった国などが、自国通貨を安くして輸出を増やすために通貨切り下げ競争に走ったためです。経済的な裏付けのないお金を大量に発行したこれらの国ではハイパーインフレが起き、世界経済に大きな歪みが生じることになりました。

この反省から為替相場切り下げ競争の再発を防ぎ、経済発展や円滑な貿易に欠かせない決済システムを作ろうという意図で、第二次世界大戦中の１９４４年に合意されたのが「ブレトンウッズ体制」です。

これは米ドルと金の交換比率を固定し、金に裏付けられた信頼できる唯一の世界通貨としてドルを世界中が認めるという体制です。このドル本位制の下、ドルを経済発展の速度に合わせて増加させることにより世界経済がうまく発展するようになりました。また、このドル本位体制を支えるものとして、国際通貨基金（ＩＭＦ）や世界銀行も創設され、今日に至る国際通貨協調の流れができあがったのです。

このドル本位制の転換点が1971年の「ニクソンショック」です。

戦後世界経済が大きく成長する中で、金の流通量は簡単に増やせない、つまり常に固定価格でドルと交換できると約束されていた金は増えないのに、ドルの量は増える一方という問題が出てきました。そこで、アメリカは金とドルの固定兌換比率を廃止し、さらには固定為替制度も廃止しました。

これによって、ドルは金による裏付けを失いました。しかし、一方では世界第一の経済大国であるというアメリカ経済そのものに対する信頼によって、ドルは国際的な基軸通貨としての性質を維持しつづけています。

実際、現在にいたるまで、国際貿易の大半はドルで決済されています。

たとえば、日本とアジア諸国の取引のように、アメリカから見て外国同士の貿易であっても決済に使われるのはドルです。また、アメリカのライバルである中国とロシアの取引も大半がドルで決済されています。

個人資産に関しても同様です。アメリカ国外の世界の富裕層は、資産のかなりの部分をドル建てで保有しているといわれています。通貨ペア別の取引残高を見ても、ペアの一方をドルが占める割合は9割近くになっています（※2）。

世界がドルを中心に回っているというのは各国中央銀行の外貨準備高にも見てとれます。2020年第4四半期に各国中央銀行の外貨準備高に占めるドルの割合は59パーセントです。これはユーロ外貨準備高の2・7倍、日本円と比較すると実に9・8倍になっています（※3）。

このように基軸通貨であるドルを発行できるという力があることで、アメリカが世界中の経済の流れを押さえているのです。ところが、先ほど挙げた中央銀行の外貨準備高に占めるドルの割合は年々低下しつづけています。

国際取引に利用される通貨がドルだけではなくなったということは、世界経済でドルが果たす役割も低下しているということです。これは、ドルに代わろうとする別の通貨が出て来たということの裏返しでもあります。

※2　https://www.bis.org/statistics/rpfx19_fx.htm

※3 https://data.imf.org/?sk=E6A5F467-C14B-4AA8-9F6D-5A09EC4E62A4

ドル本位制に挑戦した円とユーロ

1980年代には日本がこのドル中心の経済エコシステムにチャレンジしようとしました。今となっては隔世の感がありますが、1980年代までは円の国際化が叫ばれていました。言うまでもなく、バブル崩壊前の日本は世界第二の経済大国であり、円経済圏を確立しようと考えるのは自然なことでした。

1990年1月1日の時点では、皇居の不動産価値はカリフォルニア州全体の不動産価値に匹敵し、東京の土地全部を合わせた不動産価値でアメリカ全土の私有地を買えるほどでした。

そこに水を差したのが日銀中心の「総量規制」です。

当初の意図は、過熱している土地価格の上昇を抑制することでしたが、結果的には不動産価格の急落や不良債権の大幅な増加を招き、バブルをハードランディングさせる引き金となってしまいました。結局、円が国際的な基軸通貨の地位を得る計画もとん挫してしまいました。円経済圏というアイデアも同時にとん挫しました。

次に登場したのがユーロです。

欧州単一市場の創出や単一通貨ユーロの導入もドルを中心とした国際経済に割って入ろうとする動きです。欧州各国は単独ではもちろんドル経済圏とは戦えません。フランスやドイツといった先進国ですら一国だけではアメリカに対抗するには経済圏として小さすぎます。

そこで導入されたのが共通通貨ユーロであり、欧州中央銀行（ＥＣＢ）による統一金融政策の実施です（※4）。実際のユーロ導入は１９９９年でしたが、単一の経済圏として欧州を世界経済の中に位置付けるために単一通貨を導入しようという動きそのものは数十年にわたって構想されていました。このユーロの実験も世界の覇権を握る発展途上にいると言えるでしょう。

※4　現在EU加盟国27カ国のうち、ユーロを法定通貨としている国は19カ国。

着々と進む「人民元経済圏」構築の動き

お金の流れを押さえることで覇権を握るという点で、ドル経済圏に陰りが見える中で円は中途半端な立ち位置以上には発展できませんでした。ユーロも最近足踏み状態です。

そんな中、ドルに対抗する強力なプレイヤーとして出て来ようとしているのが、中国の人民元です。中国は現在、世界第二の経済力を有しており、これは1980年代に日本が持っていた競争力に匹敵します。

さらに、習近平という1人のリーダーの下に国家や経済が運営されるという点では、EU各国の動きに制約を受けるユーロのような不自由さはありません。

現在の中国の動きを見ていると、「アジアインフラ投資銀行の設立」「一帯一路」にとどまらず、アメリカと世界を二分するような経済圏を作ろうとしているのではないかと筆者は考えています。

購買力平価（※5）を基準にしたドル・人民元の為替レートを用いると、中国の経済はすでにアメリカの経済を超えているという計算もできます。

さらに、中国主導で発足したアジアインフラ投資銀行と中国が直接途上国に対するインフラ関連の貸付残高は世界銀行による貸付を上回っていると予想している人々もいます。

第1章でも触れましたが、中国の考え方は非常に長期的で、多角的であり、途上国の支援や囲い込みにあたっても20年先や30年先を見据えてものごとを進めています。まずはインフラをパッケージとして総合的に輸出している点が目を引きます。

たとえば、日本のＯＤＡの場合、新幹線なら新幹線だけ、高速道路なら高速道路だけ、港湾建設なら港湾建設だけ、といったように単体のプロジェクトに対する支援が中心となります。

それに対して中国の支援は、パイプラインを建設するのなら、パイプラインに原油を運んで来るオイルタンカーが寄港できる港湾も整備し、港湾から何千キロも敷設されるパイプラインへの電力供給のために発電所を建設し、パイプラインに並走する高速道路も建設し、その横には高速鉄道まで建設する、といったように総合的な提案をする点で非常に優れています。パッケージにすることで建設コストが大幅に引き下がるのは言うまでもありません。

日本の高速鉄道の新幹線が高すぎて海外に売れないというのも、高速道路、パイプライン、送電線、ファイバー、水道などをパッケージにするという発想がないからです。それに加えて、中国はインフラ総合パッケージにファイナンスまでもパッケージにしています。

支援を受ける国は、結果として中国から多額の借金をすることになります。中国は技術やノウハウは輸出せずに、自国の労働者と機械をパッケージにしてインフラ整備に送り込むことで、貸付金のかなりの部分を中国企業に還元し、「プロジェクトファイナンスの中国の利益分が相手国の借金になって残る」という状況を作り上げているのです。

※5　為替レートは2国間の通貨の購買力によって決定されるという説。たとえば、日本で100円のハンバーガーがアメリカでは1ドルで買えるとすると、為替レートは1ドル＝100円が妥当だという考え方。（SMBC証券のWebサイトから要約　https://www.smbcnikko.co.jp/terms/japan/ko/J0263.html）

デジタル人民元が世界経済の覇権を握る日

もしかしたら、物理的なインフラだけではなく、中国の資金や技術を使って金融のデジタル化を推進する国もあるかもしれません。また、国内でテロや紛争が発生したら、中国人民解放軍から助けてもらえると期待する国もあるでしょう。

あるいは、中国からコロナワクチンを無償で提供された国が、「ファイナンシャルインクルージョンのために、国民全員に対してデジタル人民元システムを使ったらどうか」と提案されたら、断りにくいとは思いませんか。

仮に、このような相手国が債務を返済できないという状況になれば中国はどうするでしょうか？

ドル建てで金利が膨らむ債務の代わりに、金利をゼロにするからと人民元で借り換えるように勧めるでしょう。インフラや金融の仕組みまですべてが中国の技術から成り立っており、ワクチンや軍事的にも中国を頼りにする可能性があり、中国に対する多くの債務を抱えている国にしてみたら簡単には「ノー」といえない話です。

このようにしてドルを手放し、デジタル人民元に移行する国が出て来てもおかしくありません。将来的にはこのような形でデジタル人民元経済圏が確立され世界に広がっていくのではないでしょうか。現時点では勘ぐりすぎかもしれませんが、まったく非現実な話でもないでしょう。

実際に、スリランカでは港湾設備の建設のために中国から借りた債務を返済できない事態になったことがあります。スリランカはその港湾設備の借金の返済の代わりに、港湾設備を中国に99年間にわたってリースされる契約に変更しました。この出来事は、中国から融資を受けて一瞬得た設備を次の瞬間中国への長期リースという形で明け渡したという意味で「債務の罠」とも呼ばれ、世界中で話題になりました。

支援を受けている国は、表向きには独立した国かもしれませんが、経済的にも軍事的にも中国に依存しているという状態になります。これが、「お金の流れを押さえて覇権を握る」ということなのです。そしてこれこそ、中国が目指しているお金の新しいルールなのではないかと筆者は考えています。

「中国が覇権を握る」という言葉に、抵抗感や拒否感を感じる方も多いでしょう。スリランカなど借金を負っている国々からもそのような声は聞こえてきます。しかし、今まで世界の覇権を握っていると考えられていたアメリカの状況を見るとこの流れは不可避です。

世界の途上国に資金を行きわたらせ、世界の警察としての軍事力を持っていたアメリカの力は陰りを見せています。トランプ大統領時代に、アメリカは世界の基軸通貨であるドルを大量に発行し、通貨発行益の恩恵を受けました。

アメリカ国民の40パーセントを占めるトランプ大統領支持者は白人至上主義の傾向があり、アメリカが国際社会でのリーダーシップを取ることを放棄したようにも見えました。アメリカ国内の人種差別問題や経済の不均衡などの問題も大きくクローズアップされるようになっています。

支援を受ける国からすると、中国の影響力が拡大することに恐れはあるものの、一方では安心して頼れると考えていたアメリカに対する信頼感も低下しているという状況です。そういう意味では、中国でもアメリカでもない第三の選択肢として日本が出て行くチャンスが十分にあるのではないかとも考えられます。

イノベーションにお金をまわせる国が勝ち残る

お金に関する戦いで新しいルールを作っていくという点でもう1つ重要な視点が「いかにお金を最適配分してイノベーション力を発揮させられるか」ということです。

世界のリーダーシップの主戦場の1つはお金の流れですが、一方で、産業競争力もリーダーシップに直結するものです。イノベーション力が高い国やプレイヤーがリーダーシップを取っていくのです。ハイテク分野でも時価総額でも世界の2強であるアメリカと中国の取り組み方から、この点を見ていきましょう。

米中ともに新しいテクノロジーを生み出し、それを育て、経済や人々の生活のプラットフォームに仕立て上げる大きな能力を持っています。ただし、そのやり方は異なります。民主主義か社会主義かといった政治的フレームワークもまったく異なります。しかし、超長期的なグローバルな視点を持って政府や民間が行動しているという点ではアメリカと中国は一致しているのです。

アメリカは自由な発想や競争からイノベーションが生み出され、そこに民間のお金が配分され、ビジネスとして育てていこうという土壌があります。

たとえば、将来にわたって成功する確率は低くても超長期的な視野を持っているようなイノベーティブなベンチャー企業があるとします。アメリカにはベンチャーキャピタルを含めた金融業界がそのような企業をサポートするエコシステムがあります。

イノベーションの将来性を目利きする力があり、投資にまわす資金が集まっているのです。投資がうまくいけば何千倍も何万倍ものリターンを得られ、そのお金がまた次のイノベーションに回っていくという好循環が生み出されています。

このような成功体験がノウハウとして蓄積され、自信となり、リスクを見極める力や先を見通す力がさらに磨かれるのです。勝ち癖がついた人々の行動パターンです。イノベーティブな精神を歓迎する環境がお金を呼び込み、このようにして育てられたイノベーションが、新しいビジネスのルールを作り出す力となっている例だと考えられます。

それに対して中国の場合は、国の政策としてイノベーションを強力に推進していますが、この点は経済特区という政策的な発想が、過去30年間の経済躍進の原点とみるべきでしょう。

深圳特区は「アジアのシリコンバレー」とも呼ばれ、ファーウェイやテンセントなどの国際的なハイテク企業が本社を置いています。さらに近年は、国際競争力を一段と高めていくために香港やマカオと広東省を一体的に開発する「大湾区（グレーターベイ）構想」も掲げられています。

30年前には小さな漁村であったこの場所に今では超高層ビルが立ち並び、キャッシュレス決済はもちろん、顔認証を使った無人店舗もあり、自動運転バスなどのスマート交通が整うなど、今や世界の最先端技術とイノベーションを提供しつづけるスマートシティへと成長しています。

中国政府があと押しして、何もない場所に「人を殺す以外は何をしてもよい、しかも税金の恩恵を与える」というフレームワークだけを提供しました。結果、優秀な人材、知識、技術が集まって、まったく新しいルールに基づいた近未来都市を作り上げていったのです。

当然、特区が急激に発展すれば、周りの都市にもその恩恵が波及します。こうして中国全体のハイテク化が起こったわけです。国のリーダーシップとビジョンでイノベーション力を高めるためにお金を最適配分している例だと考えることができます。

イノベーションの芽を摘み取る日本の体質

ひるがえって日本の状況はどうでしょうか？

日本にはイノベーションに「待った」をかけるような暗黙のルールがあるように感じられてなりません。イノベーションにまわされるべきお金がどこにも見当たらないということです。アメリカのように、資金の出し手がリスクを取ってイノベーティブな技術を育てていくというエコシステムはありません。

リスクが高そうな新しい技術革新の将来性をどのように見極めるのか、「どのようなイノベーションを育てていくとプラットフォーマーとして新たなリーダーシップを握ることができるのか」といった点を目利きできる人材が育っていないのは残念なことです。

お金がまわらないからイノベーションが生まれず、イノベーションが出て来ないから目利きする力も育たない——こんな負け癖がついた行動パターンの悪循環におちいっているともいえます。

さらに、中国のようなリーダーシップとビジョンを持ってイノベーションにお金をまわすという点でも思わしくありません。

たとえば、ベンチャー企業への投資を促進することを目的とした優遇税制「エンジェル税制」を見ても、キャピタルゲインに対して受けられる控除額はわずかに800万円です。これではイノベーション力のあるベンチャーに投資しようというインセンティブにはなりません。もちろん、中国のようなハイテク企業や優秀な人材の集約をあと押しするような魅力的な経済特区も存在していません。

さらに掘り下げると、一定年齢以上の日本人にとってはバブル崩壊の引き金になった当時の日銀による総量規制の記憶が心理的なブレーキになっていると筆者は考えています。総量規制は景気をハードランディングさせるという強烈な行政指導であり、それまでのルールが一晩で覆った心理的ダメージは今でも続いています。

「政府の忖度《そんたく》によってルールが変わるかもしれないのであればリスクは取れない」と

いう心理的なブレーキがかかるようになったのは自然なことでしょう。

当時、「不動産価格が海外に比べて高すぎる」「貧富の差が開きすぎる」「結果平等がよいのだ」という世論に負けて、こともあろうに政府自身が経済をハードランディングさせてしまったというのは、政府がビジョンとリーダーシップを持って世界経済の覇権を目指すという議論とはまったく逆の方向を打ち出してしまったと言わざるを得ません。この総量規制の経緯がきっかけで日本の金融業界はリスクを取ることに消極的になったと言えます。

リスクを取って成功してきた経験がないためにイノベーションやベンチャー企業に対する目利きの能力が育たず、目利きがうまくできないためにポテンシャルをつぶしてしまい、成功体験の芽を自分で摘み取ってしまっているという状況なのです。

お金をめぐる技術開発競争のカギはセキュリティにあり

ここまで「お金の流れを押さえる国やプレイヤーが世界のリーダーシップを取っていく」「世界のルールを形成し、リーダーシップを取るにはイノベーションにお金をまわす必要がある」という2点を見てきました。

ここで単純な質問をしてみましょう。

お金のデジタル化というトピックに引き付けたときに、何を武器として新しいお金のルールを戦っていくのでしょうか？

お金のデジタル化は技術開発競争であり、より進んだ技術という道具を持つことでこの戦いを制することができるという考え方の下で、ＡＩや量子コンピュータ、ブロックチェーンなど、さまざまな技術の可能性やその発展度合いが話題になっています。どの部分で勝っていけばお金の新しいルールを制していけるのでしょうか？

お金のデジタル化のカギは最終的にはセキュリティの話に行き着くと筆者は考えています。すでに1章でも述べた通り、お金に関するセキュリティは国家の軍事レベルと同じ水準が求められます。今や安全保障の概念が軍事だけではなく経済やバイオの分野にも広がっていることと表裏の関係にあると言えるでしょう。

たとえば、2007年にエストニアでは銀行、通信、政府機関、報道機関などに対して大規模なサイバー攻撃が仕掛けられました。さらに、2017年にはエストニアのマイナンバー制度がハッキングにあい、人口の半分の人々の個人情報が抜き取られました。

反ロシア的な姿勢を取るエストニアに対する懲罰・嫌がらせとして、ロシアのナショナルハッキングチームがサイバー攻撃を仕掛けたと見られています。もちろん公式には認められていませんが、中国や北朝鮮にも専属のハッキングチームがいるといわれています。

国家の力や知識の集積を背景にしたハッキングチームが全力を投入すれば、世界経済の血流であるお金の流れを混乱させることは不可能ではありません。つまり、軍事攻撃ではなくて、サイバー攻撃によって仮想敵国やその国を代表するような企業を大混乱におとしいれることが可能なのです。

ハッカーが最も狙うものはお金です。金融に関するサイバー攻撃の事例には枚挙にいとまがありません。

2016年から2017年にかけて、海外送金システム「SWIFT」が複数回サイバー攻撃にあっています。その中でも特に有名なのは2016年2月の事件です。ハッカーはバングラデシュ中央銀行に対してニューヨーク連銀への偽の送金指示を行ない、フィリピンやスリランカの銀行口座などへの不正送金に成功しました。被害額は約10億ドルと史上最大級であり、複数の国にまたがった大規模な攻撃でした。

不正送金されたお金の大半はいまだに回収されていません。一国の中央銀行から堂々と巨額のお金を盗むことができ、世界の金融システムに対する信頼感を失墜させることができるという意味では、ハッカーの力は大きいと言わざるを得ません。

日本においても、2020年9月にNTTドコモの決済サービス「ドコモ口座」からお金が不正に引き出された事件は記憶に新しいところです。数百人規模で数千万円におよぶ不正利用が確認され、ドコモ口座以外の決済サービスにまで被害が広がりました。

最近では、米東海岸の燃料パイプラインがランサムウエア（身代金ウイルス）による攻撃を受けて停止し、犯行グループには身代金が支払われました。その大半は奪還されたものの、サイバー攻撃は成功すると大きな経済的な成果を手に入れられるうま味のあるビジネスだということがわかります。

ハッカーが量子コンピュータを手に入れたら？

このようなサイバー攻撃は被害の規模が大きかったためにニュースになり、一般の人々の知るところとなりましたが、誰もが気づかないところで自分のお金がハッキングされる可能性を考えたことがあるでしょうか？

たとえば、あるハッカーがカード保有者の中から10億人程度を選び出し、3カ月ごとに1人500円ずつ抜き取るという可能性を考えてみます。3カ月に一度、500円の使途不明金が引き落とされたとしてもどれだけの人が気づくでしょうか？　あるいは、気づいたとしても、自分のカードがハッキングされていると考える人は少ないでしょう。

この手口を使えば、ハッカーは3カ月ごとに5000億円、年間2兆円ものお金を詐取できます。現存する最高のセキュリティを破ることを目的に、量子コンピュータを5000億円かけて開発したとしても、ハッカーからすると十分に元が取れるということです。

量子コンピュータは、従来のコンピュータでは現実的には解けないような問題を解いてしまう圧倒的な処理能力を持ちます。量子コンピュータが登場すると、現在のセキュリティはたやすく破られてしまうことになります。

たとえば、インターネット上で安全に情報の通信を行なうセキュリティのインフラとして現在広く使われているＰＫＩ（公開鍵暗号基盤）は、素数の掛け合わせによる暗号化技術をベースとしており、スーパーコンピュータでも破るのに数百年かかるといわれています。しかし、計算スピードが圧倒的に速い量子コンピュータが登場するとこの方式を簡単に解くことができ、ＰＫＩは根底から覆されることになります。

今の暗号化技術や、現在「安全」だと考えられている金融システムのほとんどが使えなくなると考えるべきです。今後のお金の流れを押さえるうえでは、このような先を見越したセキュリティの新しいデザイン・アーキテクチャーを持つことが不可欠です。

セキュリティはテクノロジーだけでは成立しない

来るべきデジタルマネー時代において、お金の新ルールを作り、世界でリーダーシップを取るためには、どのようなセキュリティの考え方を持つべきなのでしょうか？

ここで強調したいのは、ソリューションは、現存する技術の延長線上でサイバー攻撃者を上回る「技術」を追求するイタチごっこだけでは意味がない、ということです。量子コンピュータが登場しても破られないセキュリティとは何かを徹底的に突き詰めていくことが必要になります。

究極的には、テクノロジーとその運営の両輪が必要です。

確実に本人確認が実施されたグローバルIDを作ること、そのうえで情報の一元管理に対する懸念や脆弱さを払拭すること、この両面を実現できるセキュリティのシステムが主流になるでしょう。

つまり、世界中の人や会社が固有のIDを持ちつつ、それぞれのIDにひも付けられたデータはサービス提供主体（管理者）ごとにバラバラに管理されており、サービス提供者間では情報を融通し合えないようにする、というものです。

運営面でのセキュリティは、本人確認の問題に行き着くと筆者は考えています。

金融における「本人確認（KYC：Know Your Customer）」とは、「特定の銀行口座やその中にあるお金が誰に帰属しているのか」「その口座からの資金移動先の相手は誰なのか」ということを明らかにするものです。1つの銀行口座に対して1人の人間がひも付けされ、取引を行なっているのが本人かどうかを確認します。犯罪組織のマネー・ロンダリング（資金洗浄）やテロ組織への資金流入を防ぐことがその目的です。

フェイスブックのリブラ（現ディエム）の構想が大きく離陸しなかったのは結局はこの本人確認の問題でした。フェイスブックは2020年第4四半期だけで13億件のフェイクアカウントを閉鎖したと報じられていますが、これは裏を返すと、これだけ膨大な数の本人確認ができていないアカウントがフェイスブックに開設されていたということです。その会社が発行・運用する仮想通貨を流通させることにセキュリティの観点から疑問符がついても不思議ではありません。

デジタルIDがハッカーを駆逐する

この本人確認の枠組みは金融取引に限ったものではありません。

たとえば、スマホの契約、インターネットのオークション、コンサートやライブにいたるまで、生活のさまざまな場面でさまざまな形で本人確認が求められています。

今後は本人確認が適用される範囲がますます拡大されるとともに、それにともなって今よりも効率的な本人確認の仕組みが出て来るでしょう。

最終的にはグローバル全体で通用するIDへと発展していくと考えられます。

たとえば、日本のマイナンバー制度は国レベルで個人にIDを付与し、そのIDに情報をひも付けしようとする仕組みです。

EUでも2021年6月に域内共通のEUデジタルIDの枠組みを発表しました。

EU市民による個人認証や電子書類の共有に使われるもので、基本的な個人情報だけでなく、運転免許証や銀行口座などそのほかの個人情報も追加できる仕様になる予定です。
EUでは2030年までにデジタル化への移行をめざす「デジタル・コンパス2030」の中で、最低でも8割のEU市民がデジタルIDを利用することを目標としていますが、EU共通のデジタルIDはこの目標を進めることになるでしょう。

このようなグローバルIDの流れの中で、金融・経済活動だけではなく人間が生きていくうえでのあらゆる手続きに確実に本人確認を導入していけば、金融システムを含めた社会システム全体に対してサイバー攻撃を仕掛けることは基本的に難しくなります。

世界中の78億人の1人ひとりにそれぞれ固有のIDが割り当てられ、「その人が誰で、いつどこでどのようにお金を使ったのか」の記録が25年間保管されるような仕組みも登場するでしょう。

これはテロリストファイナンスやマネーロンダリングの防止のためです。そうすると、ハッキングを試みた人が誰であるかも、IDで「記録」されるようになります。

裁判所の命令に応じて、ハッカーの情報が正当な当局に通知されると犯罪者を特定することも容易になります。技術的にはハッキングができたとしても、誰がサイバー攻撃を仕掛けたのかがただちに明らかになり、盗んだお金は元のオーナーに戻され、ハッカー本人はシステムから除外されることになります。

確実な本人確認があれば、世界経済のシステムから除外された人が他人になりすますこともできません。このような環境の中では、あらゆる社会的・経済的な活動から締め出されるため、リスクを取ってハッキングをするインセンティブは大幅に減るはずです。

量子コンピュータが登場したとき、ＡＩの能力が飛躍的に高まったとき、未知のテクノロジーが出て来たとき、そのような将来を見越したセキュリティの発想が必要なのです。

「ＩＴ監視社会」を回避しつつ個人情報を保護するには？

このような構想には必ず「ＩＴ監視社会」に対する懸念がつきまといます。国や企業などの第三者に自分のすべての行動を把握されることに対する懸念です。

たとえば、「情報銀行」として機能する特定の事業者に個人データを預託して管理運用をまかせると、預託されているすべての個人情報は1人の人間にひも付けされることになります。ある人の銀行Ａの口座情報も銀行Ｂでの取引情報も、パスポート番号も納税記録も、ネットショッピングの履歴も、すべてのＩＤが関連付けられるということです。

欧州の一般データ保護規則（ＧＤＰＲ）のように、プライバシー保護を厳格にする動きはこの情報銀行の動きと真逆の考え方です。どこか1つの団体にすべての個人情報が集まること自体が、民主主義の根幹にかかわる問題だという考え方です。

このような仕組みはセキュリティの上でも深刻な問題です。1つのＩＤが盗まれると、その人のすべてのデータが盗み出されるということになります。脆弱なところを1つハッキングすれば、特定の個人のすべての情報を芋づる式に入手できるという状況ですから、ハッカーが攻撃するインセンティブも高まります。

この懸念に対するソリューションとなるのが、サービス提供者の間でデータを融通できない仕組みです。つまり、データのやり取りをするプラットフォームを「土管」として徹底させることです。各種の金融機関や官民のサービスのデータをセキュリティが高くて利便性が高い方法で接続するものの、「土管」自体はデータを流すだけで、データを残さない仕組みです。

現在でも、ある人の銀行Aの口座情報はその銀行内で取引データとして残ります。その人が銀行Bに持っている口座では、銀行Aの口座や取引の情報は把握されません。また、その人の運転免許証の情報は警察が持っており、国民健康保険や戸籍であれば地方自治体が管理しています。

「土管」であるとは、このようにバラバラに管理されているデータをバラバラのデータベースで管理させたままにしつつ、その持ち主が必要に応じてリアルタイムにひも付けできる仕組みだということです。たとえ警察といえども地方自治体のデータにアクセスできないようにしたり、税務署や地方自治体は誰かの銀行口座を勝手にのぞくことができないフレームワークが必要なのです。

筆者（房）が代表を務めるGVE社では今後主流になるであろうこのセキュリティをすでに開発しています。

まず、世界中の何十億人という個人や何億社という法人に固有のIDを付与できます。パスポート番号や電話番号のように国際規格があり、全世界でも同じ番号が作られることがないのと同じ仕組みです。

しかも、本人が望めば自分のIDを何度変更しても新しいIDに本人がひも付けされます。それぞれのIDにひも付けされたデータは必要であれば100年以上にわたって保管することもできる非常に大きな拡張性のあるシステムになっています。

さらに、先ほど挙げたようにこのプラットフォームを完全に「土管」として運用します。現在主流になっている手法は情報銀行の考え方です。これは、あらゆる個人情報を1カ所のデータベースに保管し管理する手法です。確かに技術的にはこの仕組みのほうが簡単です。

しかし、超長期的にセキュリティの観点から考えると、グローバルIDに関する国際ルールはGVEが提案しているような「土管型」に収束されていくと筆者は見通しています。

手前味噌で恐縮ですが、このようなセキュリティの技術と仕組みのＩＰを日本企業であるＧＶＥ社が保有しており、日本のどの会社とも提携をして世界に提案できるという点を心強く思っていただけたら幸いです。

第3章

今すぐに解決すべき日本のウィークポイント

「専門家」が本来の役割を果たしていない日本

お金のデジタル化という戦いにおいて、残念ながら日本は世界のリーダーから遅れを取っていると言わざるを得ません。

日本のウィークポイントは何でしょうか？

筆者は問題の根幹には日本で「専門家」と言われている人たちが本来の役割を果たせていないことにあると考えています。金融の本質とは何かを見極めて金融システムを機能させられる専門家、DXという文脈で金融のデジタル化を展望できる専門家、セキュリティや技術の分野に通じている専門家、このような方々の力が真に発揮されていれば、かつて世界第二の経済大国であった日本が今のような状態にまで停滞することはなかったでしょう。

「忖度《そんたく》」という言葉がメディアでよく取り上げられた時期がありましたが、日本の「専門家会議」や「有識者会議」ではまさにこの「忖度」が幅をきかせ、「（お抱え）専門家から政府が提言を受けた」というアリバイ作りのように使われているような気がしてなりません。

お金や時間を費やしながら、本来的な議論がなされていないのではないでしょうか。このような状況を許しているということそのものが日本のウィークポイントだと思います。

なぜキャッシュレス化を進める必要があるのか

第1章では、お金のデジタル化とはデジタルトランスフォーメーション（DX）の根幹であり、そこには国の将来に対する長期的なビジョンが必要であることを述べました。

第2章では、お金の流れを押さえることで世界の覇権を握り、さらには世界でリーダーシップを取っていくためのイノベーション力を高めることができるという点を考察しました。この点を念頭に入れて、お金のデジタル化の1つであるキャッシュレスの浸透度合いについて日本の現状を見ると、国の政策やそれにならった企業の取り組みがいかに本質から離れているかがよくわかります。

日本の民間消費支出に占めるキャッシュレスの割合は2020年上半期現在28・5パーセントで、先進国の中では最下位のグループに入ります（※1）。ATMの維持管理や現金輸送、小売店の現金取扱業務の人件費などを合わせると、現金決済を維持するのに年間約8兆円のコストがかかっていることになります（※2）。この状況は見すごすことはできません。

さらに、2050年のカーボンニュートラル（※3）を目指す中で、現金輸送車を走らせつづけることの環境への負荷も考えるべきです。

日本でキャッシュレスが進まない理由についてはさまざまなことがいわれています。たとえば、「管理会社に支払う手数料が高いために特に中小の店舗がキャッシュレス導入に足踏みをしている」「コンビニATMが発達しているためにどこでも現金を入手できるので必要を感じない」「高齢者はスマホ決済や多要素認証など新しいことに抵抗感がある」「自分の支払履歴のデータが第三者にわたることに拒否感がある」といったものです。

確かに、どれも理由としては当てはまりますが、ここで欠けているのが「何のためのキャッシュレスなのか？」「キャッシュレスが浸透すると国民の幸福度がどのように向上するのか？」という展望です。

キャッシュレスの普及が広義のお金のデジタル化を推進することにつながり、さらには日本全体のデジタルトランスフォーメーションの基盤になるという考え方が必要でしょう。そのうえでお金を含めたデジタル全体をどのように活かし、国の未来をどのように作っていくのか、というビジョンが必要です。

さらに、「お金の流れを押さえることで経済のリーダーシップを取れる」という戦いの土俵を意識し、そこに企業が向かうようなインセンティブが必要でしょう。

※1　https://www.nri.com/-/media/Corporate/jp/Files/PDF/knowledge/

publication/region/2020/11/4_vol208.pdf?la=ja-JP&hash=12A7528B6AEB9B242FA0AF57C0599F98B9F27623

※2　https://www.soumu.go.jp/main_content/000569101.pdf

※3　二酸化炭素などの温室効果ガスの排出量から吸収量と除去量を差し引いた合計をゼロにすること。

世界最強のフィンテックサービス「アリペイ」

中国の「アリペイ」は、中国というマーケットや人々の考え方や行動といった現実的なことに即してテクノロジーを実際の金融に活かしています。この点は世界のフィンテック企業の中でも抜きんでた視座を持っていると言えます。

たとえば、アリペイには「芝麻信用（ジーマしんよう／セサミ・クレジット）」という独自の信用スコアリングがあります。スコアリングの手法は明らかにされていませんが、「身分特質（社会的地位、年齢、学歴、職業など）」「履行能力（過去の支払い状況、資産など）」「信用歴史（クレジット、取引履歴など）」「人脈関係（交友関係、相手の身分など）」「行為偏好（消費の特徴など）」といった消費者金融の指標を組み合わせたものだといわれています。

スコアはローン金利の設定といった金融面だけではなく、商談の際のお互いの信用確認に使われたり、スコアの高い人には就職活動やビザ手続きといった面で優遇があったりするなど、生活のさまざまな面に浸透して社会の尺度として機能するようになっています。

逆に言うと、信用スコアを落とすことにつながる不正な行動やトラブルを抑止する効果もあり、「減点されるかもしれない」という懸念は、中国の人々の行動を良い方向へ向かわせているともいわれています。

中国全体としてみれば、これはテロや犯罪を防止していくＩＴ監視社会を一段と強化していくことにつながります。この是非はともかくとして、キャッシュレス決済のプレイヤーであったアリペイが、中国社会全体の方向性をあと押ししていく存在になっているというのは、お金のデジタル化という観点からは興味深いことです。

ビジネスの目利きができない日本の金融マン

日本の金融マンが金融の本質をつかめていないことも大きな問題です。

どれだけのイノベーション力を発揮できるかということが国の力に直結します。ベンチャーの技術や将来性を目利きしてリスクを測り、将来性のあるものには株式投資し、キャッシュフローを生むビジネスになれば貸付をしていくというのが、本来の金融のあるべき姿です。

イノベーションをベンチャービジネスとして育て、それに対してファイナンスのパッケージを考えるのが金融マンに期待されている役割です。今後さらにお金のデジタル化が進み、ナローバンキングが現実のものとなって決済用のお金と信用創造のためのお金を区別することができるようになれば、カウンターパーティ（取引相手）のリスクをどのように計測し管理していくのかも銀行業務の成否を分ける要因となります。

今後、金融サービスの中でバックオフィス業務などの単純作業は機械化・自動化されていくのは必然です。その中で金融機関として生き残るには、信用のスコアリングの精度を高め、イノベーションにお金がまわるような信用創出をしていくことです。特に、地銀や信組・信金のような小規模金融機関の今後の役割・存在意義が問われる中で、金融に携わる人間はここに全力を集中していくべきでしょう。

ＧＶＥでは中央銀行デジタル通貨（ＣＢＤＣ）のシステムを各国政府に提案しています。このシステムにはリスク度合いによってそれぞれの銀行が自行のリスク許容度に合った金利を設定できる機能・モジュールが組み込まれています。そこまで踏み込んだ対応を今からやっておかなければお金の戦いに勝っていくのは難しいでしょう。

セキュリティの専門家がセキュリティに詳しくない

お金のデジタル化に関する技術競争のカギはセキュリティであるとすでに述べました。セキュリティと暗号化技術は切っても切り離せないものですが、この点についても日本は総合的な議論や方向性に欠け、世界で通用するルールを形成していこうという姿勢が見えません。

第1章で触れたように日本人が開発した技術であるフェリカはキャッシュレス決済の先駆けとなる技術でした。日本国内では電子マネー、交通乗車券、セキュリティなどの幅広い分野で活用され、国内の非接触ICカードの標準として確立されています。また、オクトパスカードに採用している香港をはじめとするアジアの一部や中東地域でも普及しています。

しかし、世界の非接触決済市場では、ビザやマスターが採用している「Type A／B」という形式が主流です。フェリカも一時は「Type C」というカード規格を目指しましたが、国際的なカードの規格として採用されるには至りませんでした。最大通信速度がＴｙｐｅ Ａ／Ｂの2倍以上でありながらセキュリティのレベルを落とさないなど、フェリカには高い技術が備わっているにもかかわらず、です。

日本の「専門家」にセキュリティに対する知識があれば、フェリカをカードの国際規格化を強力に推進できたのではないでしょうか。

そうならなかった理由として、２０１０年に出版された『フェリカの真実　ソニーが技術開発に成功し、ビジネスで失敗した理由』（立石泰則、草思社）という本では、日本国内で足の引っ張り合いがあった結果、日本の「専門家」がこのフェリカの技術を国際規格にする必要はないと考えたためだと指摘しています。

このフェリカ規格が世界標準規格の搭載を前提としているグーグルのアンドロイドやアップルのｉＰｈｏｎｅに採用されたことは皮肉な話です。日本のガラパゴス化の象徴としてやり玉に挙がっていたフェリカの持つ技術やセキュリティが正しく理解され、世界中に拡張できる可能性のある規格として採用されたのですから……。

ビットコイン、ブロックチェーンのセキュリティレベルは、実は高くない

セキュリティや暗号化の専門家が理論や運営に詳しくないという点についてもう少し例を挙げましょう。仮想通貨が受け入れられた1つの理由として、ビットコインに使われている暗号化のスタンダードのほうがクレジットカード会社の暗号化よりも優れており、ビットコインのほうが全体的なセキュリティが高いためだと「専門家」によって論じられたことがありました。

しかし、ビットコインに使われている暗号化スタンダードでさえもその脆弱性を突かれてすでにハッキングされています。結果から見ると現行のクレジットカードの暗号化技術との優劣は五十歩百歩と言わざるを得ません。

ブロックチェーンに関する議論もしかりです。

ブロックチェーンはセキュリティ基準やエネルギー消費量という点で、実は欠点の多い技術です。中央銀行デジタル通貨（CBDC）は国の信用に裏付けされ、中央銀行が発行し管理するものですが、そのような性質のある通貨に対して、何万台もの分散型台帳を振り分ける必要はあるのでしょうか？　ブロックチェーンという技術の特性を「専門家」が理解していれば、もう少し違ったアドバイスが出て来るのではないでしょうか。

量子コンピュータの登場で現在のセキュリティ技術が通用しなくなる

さらに量子コンピュータの議論もあります。MITが2019年5月に発表した論文では、量子コンピュータが登場すると、現在、金融機関やカード会社が使っている暗号化技術に予想よりも早く追いつき、「2048ビットRSA」という現行の暗号を短時間で解読してしまうと指摘されています（※4）。

量子コンピュータが登場すると、現在、暗号化に使われている「ＰＫＩ（公開鍵暗号基盤）」は根底から覆され、日本では現在のマイナンバー制度などが機能しなくなるでしょう。

一企業がハッカーのサイバー攻撃を受けるどころの話ではなく、国家全体の経済や安全保障にかかわる問題です。アメリカ連邦政府は、２０２６年頃までにこのＲＳＡ暗号方式を量子ゲート型コンピュータに対応した暗号に移行させたいとしています。

ところが、ＭＩＴの論文が発表されたのとほぼ同じ時期に、日銀の専門家たちは量子コンピュータの登場によってＲＳＡの暗号方式のセキュリティが低下する近い将来について指摘しておきながら、金融業界に対する呼びかけは「２０３０年以降も使用するシステムに関して、量子コンピュータの脅威への対応の検討を始めることが望ましい」といった切迫感に欠ける提言にとどまりました（※5）。

お金に求められる軍事レベルのセキュリティについて、筆者の考えは第2章で述べた通りです。近い将来に起きる量子コンピュータによるセキュリティの地殻変動を見越したソリューションを展望していくべきなのです。

ＡＩも量子コンピュータも、５Ｇ／６Ｇなども、利便性を向上させ人間が幸福になるための手段にすぎません。それ自体が目的ではないのです。産業革命によって汽車が登場し、移動のスピードや選択肢が広まったのと同じことです。よって、この道具であり手段である新しい技術を人間の利便性や幸福という最終的な目的のためにどのように活用していくのか、という点を考えていくのが本来のセキュリティや暗号化の「専門家」たちの役割でしょう。

※4　https://www-technologyreview-com.cdn.ampproject.org/c/s/www.technologyreview.com/2019/05/30/65724/how-a-quantum-computer-could-break-2048-bit-rsa-encryption-in-8-hours/amp/

※5　https://www.imes.boj.or.jp/research/papers/japanese/18-J-06.pdf

世界的な技術トレンドはもはやスパコンではない

技術という手段や道具を使いこなすという点でも、日本で「専門家」と呼ばれている人たちが今起きている技術革新について本当に理解しているのか、疑問に感じざるを得ません。

世界がスーパーコンピュータから量子コンピュータに軸足を移しているというトレンドが正しく理解されていないのはその1つの例です。2009年、当時の政府（民主党）による事業仕分けの際、某議員の「世界の2位じゃダメなんでしょうか？」という発言で有名になったスーパーコンピュータですが、その後2020年の性能ランキングで日本の「富嶽」が世界一になったことが快挙として報じられました。

その一方で、GAFAをはじめとする世界の最先端企業や中国・ロシアは、すでにスパコンには見切りをつけて、量子スーパーコンピュータの開発に注力しているのです。

AIに関する議論も同じです。

ＡＩによってあらゆることが予測可能になっていると簡単にいわれていますが、現状のＡＩはまだそこまで追いついていません。新型コロナウイルスの感染状況について考えてみればこの点はすぐに理解できるはずです。

２０２０年初頭に新型コロナの問題が大きくなりはじめた頃に、もし今論じられているような段階にまでＡＩが到達していれば、その後の感染状況の深刻化を容易に予測できたはずです。それどころか、コロナベースのウイルスである「ＳＡＲＳ（重症急性呼吸器症候群）」（２００２年に確認）や「ＭＥＲＳ（中東呼吸器症候群）」（２０１２年に確認）のパンデミックの経験をもとに、いつどのような状況で次のコロナがコウモリから人間に感染し、爆発的な感染が起きるかを前もって予測することすらできたはずです。

現実はそうなりませんでした。

現在のＡＩは限られた過去のデータの中から今後の可能性を見つけ、それを多数決で決定しているにすぎません。「４番目のコウモリからコロナウイルスが人間に感染するのはいつか？」という質問をＡＩは自分では思いつくレベルには至ってないのです。

ＡＩには大きな可能性があることは確かですが、考えられているＳＦ映画のような人間の脳のように質問を思いつくメカニズムにはいまだ発展していません。日本の「専門家」はこの点についてどの程度理解しているでしょうか？

安全保障は軍事から経済・バイオに軸足を移している

現在の世界において、大国と大国との対立や衝突を正面から軍事力で突破することはあまり考えられません。今や国を守る安全保障とは、経済とバイオに軸足が移っています。その双方にかかってくるのがデジタル化です。

北朝鮮やロシアには国家が主導するナショナルハッキングチームがあるといわれています。他国の金融機関からお金を盗みだすばかりではなく、新型コロナウイルスの治療薬やワクチンの情報を入手しようと製薬会社にサイバー攻撃を仕掛けているとも報じられています。オックスフォード大学では、ワクチンの開発が進んでいると報道されていた2020年初めから、ロシアからサイバー攻撃を受けつづけています。

中国は覇権の拡大を狙って途上国への手厚い支援を推進していますが、今回のコロナ禍を受けて中国の製薬会社シノバックが開発したワクチンを途上国に提供していま す。また、ロシアもスプートニクVを66カ国で承認を受け、提供しています。

これを見て「中国やロシアがワクチン外交を通して影響力を拡大している」と反発を覚えるのは簡単ですが、短期間でワクチンの開発と供給体制の整備にこぎつけた中国やロシアの技術力と行動力は認めるべきでしょう。

また、アメリカは基軸通貨ドルをベースにした経済覇権を握っているだけではなく、今や世界中の人々の生活に欠かせない基盤サービスとしてGAFAなどのプラットフォーマーやさまざまなハイテク企業を擁しています。さらには中国のワクチン外交に対抗して海外へのワクチン供給を増やそうとしています。

このように、国を守り覇権を握るという安全保障においては、経済やバイオの要素が重要性を増しているのです。

ワクチン開発競争に乗り遅れたうえ、接種ももたつく

日本人が安全保障という観点から経済やお金のデジタル化を捉え切れていないことはすでに述べてきた通りですが、バイオについても乗り遅れていると言わざるを得ないでしょう。国産ワクチンが第一グループとして今年前半までに開発できなかったというのは、バイオセキュリティという概念が浸透しておらず、その一環としてワクチンを捉える意識がなかったということを如実に表しています。

過去にはSARSやMERSの流行がありました。コウモリから人へのウイルス感染が近年短い間隔で2回も発生したことに危機感を覚えて対策を強力に推進しようとした専門家はいたでしょうか？

専門家であれば、次にも同じようなパンデミックが起きることが予見できるはずです。国民を守り、経済を停滞させないためにワクチン開発をあらかじめ準備しておく必要性も訴えることができたはずです。この点でも全体像を把握し、将来を予見し、

必要に備えるという専門家の力が発揮されていたら、と思わずにはいられません。

さらに、ワクチン接種の進捗やワクチン接種証明書の発行などに関する議論にもバイオセキュリティの観点が抜け落ちていると言わざるを得ません。

2020年にコロナ禍を受けた政府の経済対策として1人あたり10万円を配った「特別定額給付金」がありましたが、その手続きや対応の混乱ぶりは記憶に新しいことでしょう。日本のデジタル化の突破口になると期待されていたマイナンバー制度の利用が逆に混乱を引き起こしたのです。

その約1年後に国民へのワクチン接種が始まりました。7月にオリンピックを開催する予定だったので、国民を守り、国の経済と社会を平時に戻していくうえで円滑なワクチン接種が必要なことは明らかでした。そして、大規模なワクチン接種の前にはそれなりの準備期間もあったはずです。

ところが1年前の特別定額給付金の混乱の経験はまったく活かされず、国と地方自治体の意思疎通はうまくいかず、ワクチン接種予約やワクチン接種証明書にデジタルの力は活かされませんでした。

さらに、世界各国が電子的に一元管理したデジタルのワクチンパスポートを検討している一方で、日本では地方自治体が紙で何らかの証明書の発行を検討している状況です。国を守る安全保障にバイオセキュリティの概念がまったく取り込まれていないということが、コロナ禍の一連の動きで露呈してしまった形になりました。

日本のウィークポイントの根本原因は何か？

このようなウィークポイントはどこに端を発しているのでしょうか？

第1章でデジタルトランスフォーメーションの成功に欠かせないものは、エンドユーザー目線の発想と、DXを活用して将来実現したい社会に対する長期ビジョンだと述べました。この2つの視点が欠けていることがウィークポイントにつながっていると考えるとわかりやすいでしょう。

サービスを提供する主体である国や企業にユーザー目線やあるべき姿の議論が欠け

ていると指摘することができます。

また、企業が監督官庁の意向を忖度しすぎるあまり、本来到達すべき目標が何であるのかがあいまいになっていることもあるでしょう。国がITベンダーに何かのシステムを発注する際には、数十年先の社会像のことまで念頭に置いて、適切な技術を持っている企業を登用しているでしょうか？　産業競争力を高められるようなイノベーティブな企業を登用しようとしているでしょうか？　入札の基準では、スピードを持って目的を達成できるアジャイルさを重要視しているでしょうか？

ひるがえって、サービスの受け手にもウィークポイントの原因があると考えられます。

日本では老若男女を問わず、お金に対する知識・お金を儲けようとする意識が圧倒的に低いといわれています。「人生をどのように設計するのか」といった観点からの金融教育も普及しているとは言えません。

さらに、技術やセキュリティに関しても、専門家ITベンダーまかせの風潮が強く、自分事として捉えられていません。時代は急激にまた急速に変化しています。その中であらゆる年代の人が技術革新による恩恵を受け、幸福度が増したと感じられるようになるには、教育の底上げが必要です。

これは学校における教育に限った話ではありません。人生100年時代を迎えているわけですから、その人生の中での幸福になるためのお金のあり方や技術の使い方、自分のプライバシーを守る意味や方法について学びつづけることが必要です。そして、学びつづけられる環境の醸成も必要です。

第4章以降は、この章で挙げた日本のウィークポイントを克服し、日本が世界のリーダーの一翼を担うためには何が必要なのかについて検討しましょう。

筆者としては日本がうまくいっていない点や弱点を強調したいのではありません。むしろ、日本に備わっている技術や人材が活かされていないことに歯がゆい思いをしています。日本の強みをどのように活かせば日本が世界のリーダーシップを取っていけるのかという問題意識から明るい未来に向かって行けるような視座を提供したいと考えます。

コラム

GVEが開発したグローバルID化をベースにしたデジタルプラットフォーム

筆者は、2050年にCO2排出ゼロをうたっている日本などでは今後、環境保全の観点から、紙幣も硬貨も流通していない世界が実現すると考えます。世界中で、CO2をまき散らす現金輸送車が走っていた時代、紙のお金があり、そのため、森林が伐採されていた時代があったのだと、子どもたちが親から聞かされる時代が30年後には来ているというシナリオを持っています。

紙幣や硬貨は、カードになっているかというとこれも違うような気がします。脱プラスチック、脱石油の環境保護を重視するグリーン化の波で、当然カードはなくなります。ここまで理解できると、スマホとクラウドだけで決済ができる世の中が魅力に見えてきます。

すなわちお金はデジタル化されスマホとクラウドだけで利用できるようになり、電気消費量が５０００分の１になり、平均決済手数料が今の１００分の１になり、流通業者、小売店、カード加盟店がカードリーダーなど売り上げの３パーセント以上かかっているコストが０・１パーセント未満になり、個人情報が保護されている——そんなことをできるようになる世界が来るというのが、ＧＶＥのビジョンです。

「不便を解消し、生活の利便性を上げるサービスを実現するテクノロジーを提供することをビジネスとする」というのがわれわれの戦略です。モバイル決済で、フィッシング詐欺に合うとても不便です。ですから、モバイル決済でのフィッシング詐欺が不可能になるようなフレームワークを考えることがＧＶＥの戦略です。

年間２兆件の経済行為で決済が必要になっているのに対して、２０１９年で２兆ドル、２０２３年には２・７兆ドル、３００兆円が使われるというマッキンゼーの予想があります。現在１件当たり１ドル（１１０円）かかっている決済コストが１００分の１になり、フィッシング詐欺からも解放されるスマホ決済がすでに可能であるとすると、日本経済全体にとってのプラスの影響はとんでもなく大きいはずです。

GVEの提供する技術は、プライバシー保護と犯罪防止（テロリストファイナンスやマネロン防止）のシステムを搭載した、次世代マイナンバー制度とも言えます。世界中で、マイナンバーカードに個人情報を入れて、個人情報が根こそぎハッキングされる事件が起きていたため、見直しが起こってきましたが、この問題をエストニアがハッキングされた2017年から意識をし、デジタル通貨・決済・マイナンバー制度、すべてを含んだグローバルID化をベースにしたデジタルプラットフォームを開発したのです。

たとえば、世界の法定通貨のデジタル化で一番進んでいるといわれている中国のデジタル人民元システムとの違いは以下の通りです。

デジタル人民元システムは、1・2・3、GVEのEXCプラットフォームは、1・3・3なのです。デジタル人民元システムは、1つの通貨（中国元）に対して、1つの管理者、2つのデータベースを3つのセンター（サーバー）で管理するということをそのセキュリティ対策の1つとして、発展途上国に売り込もうとしてます。

GVEの場合は、多数の法定通貨を想定していますが、1つの法定通貨については、1つの管理者、3つのオリジナルなデータベース、3つのセンター（サーバ）での管理というのが基本設計です。

中国のシステムは、既存のシステムとの互換性をゲートウェイを途中に置く設計なので、すべてをリアルタイム処理することは不可能だといわれています。それに対して、GVEはEXCプラットフォームというプラットフォームを、今使っているアプリをアップストアでダウンロードして使うような設計となっているため、すべてをリアルタイム処理ができるという利点があります。

会社の戦略としてユニークな部分は、情報管理を3つに分類し、それぞれの情報をバランスを持たせていることです。

最初の情報カテゴリは、コカ・コーラの原液の部分のように、世の中にその成分とその配合の具合を知っているのはごく少数というトップシークレットです。2つ目は、パテントとして20年間独占権が合法的に取得できるカテゴリです。3つ目は、国際規格化するための情報です。

2つ目のパテント化するものも、単に研究者の自己満足でパテントを申請していても、意味がないことなので、これは、マーケティング上、どうしても相手に伝えなければならない、秘密にはできないという部分だけを抜き出して、申請する戦略を取っています。すなわち、GAFAがわれわれのパテントに書いてあるテクノロジーは、「導入している」と宣伝しなければ意味がない、サイバー攻撃に対する防衛、および自動修正についてなどがこのパテント申請のための情報となります。

3つ目の国際規格化というのが、のちに出てくる、ルール形成戦略です。

先ほど紹介した書籍『フェリカの真実』で「ソニーの戦略の失敗」と書かれている部分を、自分たちの教訓にし、最初から、24時間365日オンラインになる時代に、スマホとクラウドだけで、リアルタイム処理が必要となる規格をドラフトしたり、ユースケースとして図解したりすれば、デジタル化でスマートネーションになりたいと思っている国の指導者たちを説得する材料になるわけです。

幸い、ＧＶＥのセキュリティ顧問（Chief Security Officer）に就任した日下部進氏は、ＮＦＣ（Near Field Communication）の名付け親で、国際規格化のドラフトをした経験があるため、「ＩＳＯ／ＩＥＣ　２４６４３」という国際規格が２０２０年11月23日にＩＳＯから発表してもらえ、ルール形成戦略の第一歩は踏み出せました。

ＧＶＥのマーケティング戦略は、高度な経済学から理論武装しているため、相手が大統領や首相であっても、難しいＩＴの話ではなく、経済政策・デジタル化政策の立案、具体的なアドバイスをしていくというスタイルが取れます。

また、元々どのアプリ会社、携帯オペレーター、金融機関とも協業できるようにプラットフォームビジネスに特化しているため、クレイトン・クリステンセンが推奨していたオープンイノベーションを促進できるため、どの企業もパートナーになりたいと思ってもらえる会社でいつづけることができると思っています。

協業するパートナーの会社からは、以下の5つのテクノロジーの課題の1つは、GVEが解決できると感じてもらえる関係です。

①スピードの問題の解決、②将来出て来るであろう新しいシステムとの互換性、③利便性の向上、④セキュリティ対策、⑤高いオペレーションコスト体質からの脱却。

第4章

日本が生き残るために
グローバル企業の発想法を知る

4つのS　――シナリオ思考、スピード、セキュリティ、サイエンス

日本がウィークポイントを克服し、本来の能力を取り戻して世界をリードし、世界のルールを作るためには何が必要になるのでしょうか？

そのキーワードとして、日本企業に欠けているもの、逆に言えば日本企業が手に入れれば世界のリーダーとして飛躍できるカギになるものとして、「4つのS」について考えます。

「4つのS」とはすなわち、シナリオ思考、スピード、セキュリティ、サイエンスです。この「4つのS」というレンズを通して、過去にはナンバーワンであったもののその座を譲ってしまった日本企業と、今やプラットフォーマーとして世界のルールを作る側に立っている海外企業を比較すると、日本が向かうべき方向性が浮き彫りになります。

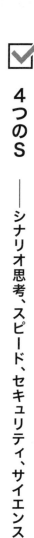

「4つのS」を使って発想できるプレイヤーは人を惹きつけます。その人の持っているビジョンや行動するパワー、そして周囲を巻き込む力に誰もが鼓舞されるからです。日本にも特に若い世代の中にこの「4つのS」の発想を持った優秀な人材が多くいるように感じます（※1）。

大切なことは、その才能やアイデアを育てていくこと、つまりこのような発想を持っている優秀な人材とそのアイデアにお金がまわり、ビジネスとして成功できるようなお膳立てをしてあげるということです。

多くの場合、大きなイノベーションは大企業ではなくベンチャーが主導しています（※2）。ですから、ベンチャーが育っていける環境や飛躍するためのあと押しが不可欠です。そしてそこにお金を付けるのが本来の金融の役割であり、日本が世界の中でリーダーになっていくためのカギなのです。

次世代を担う若い方たちにはこの「4つのS」を使って未来を展望していただきたいと思うと同時に、失われた30年の間に自虐的な傾向が身についてしまったミドル世代以上の方々には、このような「4つのS」を兼ね備えた起業家精神あふれる人材を育てるエコシステムの一員になっていただきたいと切望しています。

※1　34歳のメンタリストDaiGo氏は、「4つのS」を備えて、世界でも最大級の教育のサブスクリプションビジネス「Dラボ」で20万人以上の会員を集めているといわれています。Dラボがユニコーンであるのは間違いありません。

※2　クレイトン・クリステンセン教授は、「Open Innovation」の講演の中で、「大きなイノベーションは、ベンチャーかベンチャーの創設者からしか出て来ない」と結論づけています。

シナリオ思考 ——理想を描き長期的な視野を持つ

デジタル化の成否のカギを握るのは長期にわたるビジョンとユーザー目線のソリュー

ションだということはすでに何度も述べてきました。シナリオ思考とはまさにこのことです。長期的な理想をどこに据えて物事を考えているのか、今後何が起きるのか、世の中がどのように変わっていくのか、また変わっていくべきなのか——ということを徹底的に考えるということです。

1年や2年の短期間のスパンではあまり意味がありません。20年や30年といった少し先の未来に世の中はどのようになっていて、そこにはどのようなソリューションが求められるのか、本質的に求められるのは何なのか、ということを考えるのがシナリオ思考です。

逆にシナリオ思考がないとどうなるか、考えてみましょう。

「世の中をこうしたい、こう変えたい」という理想や理念がないため、現状のデフォルトをよしとする思考に流されてしまいます。今の段階で実効性のある目の前にある解に飛びつくことになり、本質的なソリューションや最高の解を希求しません。

もちろん、ルールは自らが作るものではなく、所与の定められたものを達成することが目標になります。結果として中途半端な策で終わり、プラットフォーマーになることも、次世代を構想することもできないのです。

たとえば、お金のデジタル化というトピックを考えると、これから20年後や30年後に紙幣やコインが流通していると考えるのは難しいでしょう。しかし、日銀は新しいデザインのお札を発行することにしており、その理由について財務省は「より偽造しにくく」するためであり、「これまでも概ね20年毎に改刷」してきたからだと説明しています。残念ながら、シナリオ思考がないと何が起きるのかを示したケーススタディになってしまっています。

●MBA思考だけでは生き残れない

シナリオ思考の対極にあるのがMBA思考です。MBAとは言うまでもなく「マスター・オブ・ビジネス・アドミニストレーション」であり、直訳すると「ビジネスの管理に関する修士」です。

つまり、どのようにビジネスを「管理」していくのかという観点からビジネスを捉える手法にほかなりません。過去の事例からガバナンスやマーケティングがうまくいっている事例と失敗した事例を学び現在にそれを反映させること、どのような手を打てばコスト削減につながるのか他社の取り組みを研究すること、今までに成功してきた事業のケーススタディから未来の道筋を見つけ出そうとすること――これがＭＢＡの思考であり、結果に至るプロセスの組み立て方が重視されます。

これに対してシナリオ思考というのは、「未来はこうなる」という将来像を想像するところから始め、その将来像に至るまでの道のりの中にどのような拾い切れていないニーズがあるのかということを考えます。

最終的に思い描いた未来に到達するまでは試行錯誤の繰り返しでしょう。当初想定したものとはまったく異なるビジネスになっている可能性もあります。ただ、「向かうべき未来」についての視座にはブレがありません。20年後や30年後にあるべき姿のビジョンさえ明確であれば、そこに至るプロセスはそれほど重要ではありません。

「この先の社会や経済に求められるものは何か？」を徹底的に考えたうえで、今の段階で使える技術を活かしていくのがシナリオ思考、過去のケースを前提にして現状の延長線上でものごとを考えるのがMBA思考だと言えます。

過去からの延長として未来を見てもイノベーションが起きないのは当然です（※筆者の1人である徳岡は多摩大学大学院のMBAコースの研究科長として、ここで述べたような従来型のMBAではない新たなMBAを作るために、第5章で詳述する「イノベーターシップ」を身につけるMBAコースとして、MBAを再定義し科目を一新している。その背後にはオックスフォード大学での経験がある）。

●テスラが電気自動車で目指す未来

シナリオ思考とMBA思考を比較するために、電気自動車に注力しているテスラとハイブリッド車を生産している日本の自動車メーカーの違いについて考えましょう。

テスラは「これからの地球環境」というところに視座を置いています。「世界は確実に持続可能な脱炭素社会に移行する」というシナリオです。この前提に立てば炭素を排出しつづけるガソリン車は受け入れられません。

この未来に向かうための手段として水素や電気（※3）など現状利用できる技術の中から最適な選択肢を検討することになります。

この中で、それまではパソコン用に使われていたリチウムイオン電池という技術を自動車にも応用しようという発想になったわけです。電気自動車を普及させるうえでは充電ステーションの整備などの大掛かりな社会インフラの変革が必要になったとしても、正しいと考える方向を大胆に追求するのです。

しかし、「炭素を排出しない車」という最終目標がはっきりしていれば、その途上で乗り越えるべき課題も明確な意味を持ったものになります。

一方の日本の大手メーカーもある程度の将来を見越していたことは間違いありません。環境に配慮したハイブリッド車を打ち出しているのですから。

しかし、モノづくり企業として効率化やコスト削減がお家芸であるあまり、見据えている先が近い将来の到達可能な目標であるのは残念なことです。現状のガソリン車から、いかに「効率よく」「コストを抑えて」脱ガソリン車の体制に移行するか、という観点から戦略を立てた結果、カーボンニュートラルという観点からは中途半端なハイブリッド車という解に落ち着くことになったのでしょう。

※3　再生可能な材料で発電した電力のこと。

●イーロン・マスク氏の宇宙戦略

テスラを引き合いに出したついでに、イーロン・マスク氏の宇宙への野心に表れているシナリオ思考を見ていきましょう。

マスク氏は近い将来の地球環境の悪化を懸念し、火星への人類の移住をビジョンとしています。２０２６年までに火星に人類を送り込むという計画だけでも壮大なように聞こえますが、マスク氏はもっとその先の人類の移住まで真剣に考えているというのです。

人類の未来という非常に長期的なビジョンを持ち、自分の理想を徹底的に追求するところにシナリオが生まれます。

そのシナリオの実現に必要なのが、安くて信頼できる宇宙輸送手段です。そして「今、利用できるものがないのであれば自分で開発してしまおう」と考えて創業したのがスペースXです。同社の宇宙輸送機はすでに国際宇宙ステーション（ＩＳＳ）への物資輸送に採用されており、２０２１年には旅客を乗せた打ち上げも計画されています。

さらに、低価格も実現しています。ＮＡＳＡの打ち上げコストは1回10億ドルといわれていますが、同社の打ち上げでは５５００万ドルまで引き下げられています。ところが、マスク氏はコストを従来の１００分の1にするという目標を掲げており、私たちの想像をさらに超えるような何かが出て来るのではないかと期待せずにはおられません。

●ウォークマン、iモードの進化形を実現したアップル

アップルとソニーやドコモのシナリオ思考を見てみましょう。

ウォークマンを開発した当時（1979年）のソニーは、間違いなくシナリオ思考を持っていました。「いつでもどこでも良い音楽が聴きたい。もう音楽は、オーディオ装置の前で聴かなくてよくなる」というシナリオを盛田氏は描いていました（※4）。この発想がそれまでとはまったく新しいデバイスを世の中に送り出すベースとなり、ウォークマンは世界中でヒットしたのです。

ドコモのｉモードも画期的でした。

データを小分けにしたパケットで電話の音声を送れるのであれば、そのパケットを利用して携帯電話からメール送信やコンテンツの利用ができるようにしよう、という先見の明がありました。

ｉモードは爆発的にヒットし、ドコモは一時はワイヤレスインターネットプロバイダーになったほどです。日本の携帯各社も同じような機能で追随しました。

アップルがその当時世界のハイテクナンバーワンブランドであったソニーのウォークマンやドコモのｉモードを研究し、分析し尽くしていたというのは想像に難くありません。ただし、アップルはウォークマンやｉモードの根幹にある発想は受け継いだかもしれませんが、そこからさらにシナリオを深く掘り下げていったと言えるでしょう。

どこまでクールなデザインを求めるのか、どこまでデジタル化を見据えているのか、どこまで顧客が欲しいと思うであろうことを見越すのか――このように徹底的に考え抜いていったということです。

デジタル化された音楽をダウンロードできるようにすること、自宅や職場のパソコンと同じように自分のメールアドレスをモバイルデバイスでも使えるようにすること、プラットフォーム上でさまざまなアプリを使えるようにすること、そして何よりおしゃれでかっこいいこと――顧客がこれから欲しがるコトを想像し、それを徹底的に追求したことがアップルを成功に導いたと言えます。

※4 https://www.sony.com/ja/SonyInfo/CorporateInfo/History/SonyHistory/2-05.html

●アマゾンにあって楽天にはないものは？

次に、アマゾンと楽天を見てみましょう。

両社ともに出発点も着目点も同じです。インターネットの普及にともなって、ショッピングはオンラインに移行していくというシナリオはアマゾンも楽天も変わりありません。しかも、楽天も創業者がいい意味で独裁的経営者であることから、一般の日本企業にはないスピード感や決断力、先見の明があります。

両社の違いは、アマゾンがショッピングをするユーザーの利便性を第一に最終顧客目線で事業を進めたのに対し、楽天は出店料を払ってくれている店舗側の目線が強かったことです。

アマゾンは「地球上で最も顧客第一主義の会社」という理念を掲げており、その言葉の通りアマゾンプライムの当日配達や翌日配達に代表されるような顧客の「今欲しい」という欲求を満たすことが企業文化となっています。

自社の配送センターを建設し、データに基づいて在庫管理や注文予測を実施し、配送網についても宅配便では行き届かない部分は自社でやろうとしています。ドローンや自動運転を使った配送実験にもこの姿勢が反映されています。

一方、楽天の企業理念は「イノベーションを通じて、人々と社会をエンパワーメントする」ことであり、「地方の小さな商店でも、コンピューターに強くなくても、誰でも簡単に店を開けるようにしたい」という思いが創業の起点です(※5)。

配送スピードや在庫管理について出店している店舗に委ねているという点では出店者のエンパワーメントにはなっていますが、顧客目線でのシナリオは描けていないようです。さらに言うと、アマゾンは創業の地であるアメリカにこだわらず、「世界全体がどう変わるのか」を追求している点でも、日本という1つの国の中で楽天経済圏の確立を目指す楽天とは視野の広さが異なっていると言えます。

※5 https://corp.rakuten.co.jp/about/history.html

後発のAWSが日本企業のクラウドサービスを駆逐した理由

アマゾンが超長期的に物事を見ていることにも注目すべきです。アマゾンは長い間「利益がゼロで良し」「株価も低くて良い」と割り切っていた会社でした。事業から生み出されるキャッシュフローのすべてを長期戦略のために投資していたためです。

興味深いのは、その過程で本業とはまったく異なるビジネスとしてAWS（Amazon Web Service）が生み出され、それが大成功したことです。自前の配送センターを構築していく中で、データセンターの自前のコンピュータにデータ容量の余剰が生まれました。それを他社のWebを通じて使えるクラウドサービスとして開放したのがAWSのはじまりです（※6）。

このクラウドサービスはグーグルやマイクロソフトがクラウドビジネスに参入するよりも7年も早く開始され、今では世界の誰も追いつけないような最大のマーケットシェアを握ってアマゾン全体の中でも稼ぎ頭になっています。

ここにもう1つ興味深い事実があります。

実は、世界で初めて本格的なクラウドサービスを提供したのは日本企業でした。トヨタ、ソニー、IIJの3社が出資して立ち上げたクロスウェイブコミュニケーションズという会社があり、大企業を中心にクラウドサービスを展開しようとしました。

ところが、クラウドの考え方がやっと広まりつつあった頃の話で、大企業としては自前のサーバとクラウドのどちらにコストやセキュリティ上のメリットがあるのかまだ見極めがついていませんでした。ターゲットを大企業の顧客にしていたため、メリットがはっきりせず、積極的に活用されるには至りませんでした。

一方、AWSが当初ターゲットにしたのは中小企業、特に零細企業です。資金力やITのリソースが大企業に比べて劣っている中小企業にしてみれば、あらゆるものがセットになっているクラウドサービスのほうが明らかなITコストの削減につながり、広く受け入れられ、短時間での爆発的な普及につながりました。

今後はクラウドが主流になるという未来へのシナリオは似ていましたが、顧客層をどこに置くかという戦略の違い、顧客がどこでメリットを感じるかという読みでAW

Sとクロスウェイブに差が生まれたともいえるでしょう。

※6 「Amazon Cloud Service」ではなく、「Amazon Web Service」という名前からも、最初はWeb上からのサービス提供という概念だったことがうかがえます。

スピード ——意思決定と責任

将来のあるべき姿や今後求められるものが何か?——このようなシナリオを描いた先に必要になるのがスピードです。スピードとはリーダーの意思決定と責任の問題です。向かうべき目標を決定し、その目標に至る道筋を決めること、当初考えていたやり方がうまくいかないのであれば違う道を模索すること、これがリーダーシップの本質である意思決定と責任です。

日本は調整型の社会だといわれていますが、これは裏を返せば誰か1人が何かを決めたり責任を取ったりすることがないという状況です。「なんとなく」その場の雰囲気に合わせて調整ばかり続けていたのではスピードが遅くなるのは当たり前です。

結果としてリーダーが不在になり、責任をなすりつけ合って調整に終始することになります。縦割りの弊害をなくすことはもちろん、平時から有事への切り替えもできなければ、ルール形成やルール刷新にも踏み込めません。

●テレビにしがみついた電通、ネットに集中したグーグル

ここでは、グーグルと電通の違いに注目してみます。

グーグルは今でこそあらゆるインターネットサービスのプラットフォーマーとして確立していますが、当初は検索エンジンを通して広告収入を得る会社でした。

一方の電通は、日本の国を動かしていると言われるほど、地上波テレビ、政党、政府、

大企業との人脈があり、1980年代までは、世界最大のザ・広告代理店でした。そして伝統的な広告代理店の買収と売却を繰り返し、マーケティングやキャッチコピーを中心とした伝統的な広告代理店業を主にしています。

それに対して、グーグルは伝統的なテレビ広告代理店業務にはいっさい手を出さず、自社でコントロールできるインターネットを中心に据えたデジタルコンテンツのライブラリーを集め、今ではGAFAの一角を占めるデジタルプラットフォーマーとして確立しています。

両者の違いはテクノロジーによって、従来型の「放送」から「インターネットを使った双方向通信」への変化が確実に起きるインターネットの普及を見据えてスピード感を持ってビジネスモデルを変革しつづけているかどうか、という点です。

インターネットが普及して誰もが個人デバイスを持つようになると、放送業というレッテルの既存メディア、特に地上波テレビの存在感は薄れます。

たとえば、日本では30代以下ではインターネットの利用時間がテレビの利用時間を上回っています（※7）。アメリカでもインターネット動画への移行が進んだ結果ケーブルテレビの契約を解約する人が急増し、「コードカッター（ケーブルを切ってしまう人）」という言葉まで登場したほどです。

グーグルも電通も何年も前からこのような世界のトレンドのデータは手元にあり、将来像についてはは見通してきたはず。しかし、反応のスピードが違っていました。

電通が伝統的な地上波テレビを中心として考え方、メディア広告を捨て切れないのとは対照的に、グーグルは完全にインターネットだけの広告の世界で生きています。この2社の買収戦略も同様の傾向です。電通が同業の中で「少しエッジが効いている」広告代理店を買収してきたのに対し、グーグルは「Google Map」や「Google Earth」の技術を作り出したベンチャーやソフトウェア企業を買い上げています。アンドロイド社を買収して、スマホ市場で最大のマーケットシェアを誇っています。動画配信サービスのユーチューブも傘下に収めています。

さらに、「アルファ碁」で有名になったイギリスの人工知能企業ディープマインド社を買収してAIの分野にも参入し、力を入れているだけではなく、量子コンピュータについても自社グループ内で世界初の本格的な開発に成功しています。

このような一連の動きは、自社が描いたシナリオにある未来像にできるだけ速いスピードで到達するために、それを可能にする新しい技術やサービスに投資したり買収したりしているのだと解釈することができます。

意思決定や責任とスピードの関係については、創業者がワンマン的に経営している企業と、大半の日本企業のような集団経営・調整型の企業にも大きな違いがあります。

※7 https://www.soumu.go.jp/johotsusintokei/whitepaper/ja/r02/html/nd25510.html

●なぜトヨタはテスラとの提携を解消したのか？

再びテスラとトヨタを引き合いに出します。

テスラとトヨタは2010年に電気自動車の共同開発に向けて資本・業務提携を発

表しました。トヨタにとっては、電気自動車の将来性やテスラという新興企業の可能性を見通していたという点で素晴らしい決断でした。この提携発表では、豊田章男社長はテスラから『チャレンジ精神』や『意思決定のスピード』、『柔軟性』を学ばせていただきたい」とまで発言しています（※8）。

ところがこの提携は2017年に解消されてしまいます。モノ作りに重きを置くトヨタとシナリオを重視するテスラの違いについて、トヨタのトップが社内からの理解を得られなかったからだと考えられています。

言い換えると、社内からの理解や賛同を得られないと、社長であっても自分の経営判断を進められない集団統治体制が邪魔したのです。せっかくテスラの将来性を理解して投資していたにもかかわらず、意思決定や責任の所在があいまいな日本型経営のために、自動車業界の変革のスピードから自ら離れてしまったのは残念です。

※8 https://global.toyota/jp/detail/1999647?_ga=2.253146l6.426589522.1623581711-606608449.1623581711

セキュリティ ――スケール感や自分と相手の立ち位置の認識

お金のデジタル化をはじめ、世の中のあらゆる仕組みがデジタル化されていくと、最も重要になるのはセキュリティです。

システムが破られないという意味でのセキュリティに加えて、プライバシー情報もセキュリティの大きな要素です。プライバシー情報が帰属する本人だけが自分のすべての情報を把握しており、その本人だけが開示先などを管理できるようにする――これが今後のセキュリティの姿です。この水準のセキュリティを確立すれば、経済活動のあらゆる分野に応用することができます。

日本には「セキュリティより利便性」「大した情報ではないためセキュリティは軽視しても大丈夫なもの」というぼんやりとした安心感があるように感じられてなりません。地政学的にはほかの国からの攻撃を受けにくいという状況があり、経済や社会は国内でこじんまりとまとまって満足しているためでしょうか。スケール感がないばかりか、既存の秩序や序列を過度に最適化しているようにさえ見ます。

セキュリティとは、国をまたがって経済や社会のエコシステムを構築し、世界でネットワークを構築して世界のリーダーになる、という拡張性を手に入れるための担保です。「セキュリティの意識が低い」ということは世界を相手に自分の立ち位置をどう作っていくかという発想が育っていないということです。

2015年にイギリスの大衆をブレグジットに誘導し、2016年にアメリカの大衆をトランプ氏に有利に世論を誘導した選挙コンサルティング会社ケンブリッジ・アナリティカのような、フェイスブックからの情報をAI分析し、SNSを使ってフェイクニュースを流したりされる危険性をどれだけの人々が理解しているでしょうか？

自分を守り生存空間を強化するためには、新たな仲間づくりが必要です。自分を守るためのテクノロジーをはじめ、安全保障、経済安保、地政学など、政治にも通じている必要があります。日本のセキュリティに対する無関心は、世界に出て行き、世界という共通の基盤で戦うという意識が低いことの裏返しであり、結果として自身や国を守りながら世界に貢献することができなくなっています。

●なぜアップルはセキュリティに膨大な投資をするのか？

アップルはセキュリティに対して膨大な資金を投資しつづけています。スマホはその持ち主本人と同じだけの情報を持つようになっています。今も現実に持ち主の重要な個人情報の大半がアップルのｉＣｌｏｕｄ上で保管されていますが、スマホ上には本人確認ができるだけの情報に限定する方向に変化しています。

今後あらゆることがデジタル化されていくとスマホはますます「自分の分身」になっていきます。なりすましで他人に使われてしまうと大変なことになります。

そして、お金の決済や支払い、バイタルサイン（生命兆候）の記録入力、友人知人のネットワーク、趣味や嗜好、行動やショッピングの履歴など、持ち主の日々の行動がこと細かにクラウドに記憶され蓄積され、その膨大な情報をＡＩ分析し、結果をスマホから読み取ることができる（サーバに、リアルタイムで遅延なくアクセスすることによってセキュリティのレベルを上げている）と言っても過言ではありません。

よって、その自分の分身であるスマホがハッキングされ、乗っ取られるというのは、持ち主が丸裸にされるのと同じことです。だからこそアップルは高い意識を持ってセキュリティに取り組んでいるのです。

少し前のセキュリティといえば、IDとパスワードの組み合わせで、スマホ上に情報をたくさん搭載していました。iPhoneには数年前に指紋認証が導入されましたが、指紋認証が破られる確率は5万分の1です。その後導入された顔認証が破られる確率は100万分の1です。顔認証と指紋認証を組み合わせると500億分の1までエラーやハッキングの可能性を減らすことができるという意味です。

こうなると、誰が押したかわからない印鑑というものと500億分の1の確率でしか本人認証のエラーが発生しないスマホとのセキュリティのレベルの違いがわかります。どのように自分を守るのか、誰から守るのか、世界を相手に勝負するリスクをどうカバーするのか常に探求し研究しつづけていくべき分野です。

サイエンス　――STEMから生まれる世界の流れに対する認識

サイエンスは、正しさを求めて客観的に競い合い世界一流を目指すベースになるものです。ビジネスをモノやサービスの提供と考えるのではなく、事実やデータをもとに判断するということです。

テスラにもアマゾンにもグーグルやアップルやフェイスブックにもすべて共通しているのは、データアナリティクスをフルに活用していることです。GAFAは自社のプラットフォームを通してデータを独占して成長しているという大きな批判さえ受けるほどデータの収集や分析に力を入れています。オンラインショッピングの購入履歴、サイトの訪問履歴、よく聞く音楽やよく見る動画の傾向など、あらゆるデータが蓄積され分析され、データなしにはビジネスは成り立たなくなっています。

データ提供と引き換えに無料サービスを受けられるようになっているのは、データそのものに大きな価値が認められるようになっていることを端的に示しています。

日本にはSTEM（サイエンス・技術・エンジニアリング・数学）に対する苦手意識があり、データや数字を分析し、仮説に基づいてシミュレーションし、その結果に基づいて経営判断をするのではなく、「今までこれでうまくできたから」とか「創業者が始めたビジネスだから」といった抽象論や精神論がそのまま受け入れられてしまう風土があります。

サイエンスを無視して独善的に済ませてしまうと、世界の常識からは孤立してしまい、結果として世界で影響力を発揮することは難しくなります。

サイエンスベースを突き詰めると必ず明確な数字で成果が現れます。優れているのか劣っているのかが明確になってしまうということです。結果平等をよしとする今の日本には受け入れにくいのかもしれません。

しかし、このままでは勝負のアリーナに入って行けず世界から取り残されたままになるでしょう。

たとえば、吉野彰氏がリチウムイオン二次電池を発明したときに、この発明の意義や将来についてサイエンスに基づいて徹底的に検討されていれば、と思わずにはいられません。そうであれば、官民をあげてこの発明をビジネスとして育て、テスラが電気自動車に採用するはるか前に日本の自動車メーカーや家電メーカーがリチウムイオン電池の可能性を最大限に引き出す製品を世の中に出していたと思うのです。

●「いい車づくり」にこだわるトヨタ、利用状況を追求するテスラ

サイエンスベースでビジネスを考えているかどうか、車づくりに対するテスラとトヨタの姿勢の違いを見てみましょう。

コネクテッドカー（つながる車）を通してテスラは「自動車がどのように乗られているのか」という利用状況を把握しています。その情報を分析し、車載デバイスやさまざまな機能の最適化につなげることができます。自動運転の実現のために世界中の交通データも蓄積しているでしょう。まさにサイエンスをベースにしたビジネスモデルです。

一方、トヨタが大切にし、注力してきたのは「いい車づくり」というモノづくりの

視点です。自動車をハードとして捉え、安心して安全に運転するにはどのような装置が必要かを考える、という目線です。サイエンスを突き詰めるというよりも、職人芸を凝縮しているのです。

同じ自動車企業ですが、出発点も向いている方向性も大きく違っています。

ＥＶを広めるには、ガソリンスタンドの代わりに充電所が多数必要になります。イーロン・マスク氏は、「オペレーションズ・リサーチ」を駆使し、イギリスではどれくらいの間隔で高速道路わきの駐車場に充電器を置けばよいかを数字で示し、イギリス政府の補助を引き出しました。ルールを形成する側は、ＳＴＥＭを使って説明することが重要ということの表れです。

●STEM教育がイノベーションに直結する

さて、ＳＴＥＭ教育に力を入れている国が世界をリードしていることは数字でもはっきりと表れています。

アメリカや中国では最先端の工科大学の存在感が高く、理科系エリートを多数輩出しています（ちなみに習近平は、中国の工科大学の精華大学で化学工学を勉強しています）。経営者や起業家を生み出すだけではなく、新しい技術や考え方を支える基盤となるコアなエンジニア層の厚みにも貢献しています。

そして最近では、インドもインド工科大学に力を入れており、全土で23もの工科大学群を形成しています。中国やインドがアメリカに次ぐ、ハイテク大国になっているのは、一国のリーダーにSTEMの重要性がわかっている人々がいることも関係しています。インドにはユニコーン企業がすでに100社ほど存在していますが、日本のユニコーン企業の数が10社前後なのと比較すると、STEM教育がイノベーションに直結していることがよくわかります。

「4つのS」の成功例
――新型コロナウイルスのワクチン開発

新型コロナウイルスのワクチンは非常に短期のうちに開発され、極めて異例のスピードで承認されました。ワクチン接種をいち早く開始して大規模に接種を進めた国ではそれにともなって流行収束の兆しが見えはじめ、経済活動もいち早く回復基調に乗ろうとしています。ワクチン開発で成功した国には「4つのS」が見事に活かされています。

まず際立ったのがシナリオ思考です。

この20年で、SARSやMERSといったコウモリから人間へのウイルス感染が起こってすぐに、オックスフォード大学ワクチングループでは、「動物から人間に2度感染したということは、3度目も4度目もあるだろう」とMERSが発生した時点（2012年）で予想していました。

「将来に同じようなパンデミックが必ず起きる」というシナリオは、ビル・ゲイツ氏も考えており、2015年のTEDトークで、コロナウイルスではありませんが「今後、100万人単位の人が死ぬのは、戦争ではなく、パンデミックだ」と言いました。

実際多くの科学者がそのように考え、過去の経験をもとに研究を進め、その研究の蓄積が新型コロナのワクチン開発にも活かされました。

また、アメリカは世界各地に兵力を派遣しているため、各地で伝染病が発生するというシナリオに備えてあらかじめさまざまなワクチンの原型を準備していたといわれています。ここにはセキュリティの観点が確かに根付いています。

日本でも新型インフルエンザが流行した翌年の2010年には厚生労働省の報告書がまとめられ、その中では将来的な新型感染症の可能性が指摘されています。「国家の安全保障という観点から」ワクチンを確保することや、「国における意思決定プロセスと責任主体を明確化する」ことなど、「4つのS」がきちんと反映されていることは特筆すべきでしょう（※9）。

ただし、残念なことに、日本ではこの提言が活かされなかったのは周知の通りです。

一方でワクチン開発に成功し、承認プロセスを11カ月まで短縮することに成功した国では、シナリオ思考やセキュリティの観点を現実に落とし込みました。日本にも同じような認識がありながらそれができなかった理由は何でしょうか？

それはサイエンスにあると考えます。今回のCOVID-19以前には、世界中のどここでもワクチンの副反応に対する根強い警戒感があり、ワクチン開発をあと押しするような政策的なインセンティブが整っていませんでした。

特に日本では、過去には薬害エイズ事件にかかわった厚生労働省の官僚が刑事事件で有罪になったことがあり、ワクチン承認に対して消極的になっているといわれています。ワクチンが万能ではないこと、必ず100万人中副作用が起こる可能性があること、すべてを予見しきれないこと――このようなサイエンスの知見を持ち、100万人が接種することにより、副反応で重症化したり亡くなる人々の数に対して、接種しなかったために重症化したり亡くなったりする人々の数が100倍、1000倍になるというのであれば接種を優先すべきという、サイエンスに基づいた判断を関係者ができなかったと指摘できるでしょう。

この過去の有罪事件がワクチンに対する心理的なブレーキになっているため、法律改正と政府のあと押しがなければ民間の製薬会社が及び腰になるのは当然のことです。

新型コロナの人流行はある種の有事です。国の指導者が平時から有事にマインドセットを切り替え、サイエンスをベースに最良の選択をしていけたかどうか。これが結果として表れているのです。

仮に、ワクチンを100万人に接種すると100人に副作用が出る可能性があるとしても、その副作用の種類や副作用が出やすい人の傾向が科学的にわかっているのであれば、その部分を手当しつつ、ワクチン接種を行なっていなかった場合に重症化や死亡していただろう何十万人以上を救うべきだ、という判断です。

※9 https://www.mhlw.go.jp/bunya/kenkou/kekkaku-kansenshou04/dl/infu100610-00.pdf

●ワクチン承認がわずか11カ月に短縮された理由

ワクチン承認のスピードについても同じことが言えます。英アストラゼネカと共同でワクチンを開発したのはオックスフォード大学です。同大学でワクチン臨床実験、すなわちフェーズ1から3までの治験と承認プロセスを率いたアンドリュー・ポラード教授は、それまでフェーズごとに知見と結果分析を繰り返し、それまで10年も要していた治験プロセス全体について、第1フェーズの期間中に次のフェーズを開始したり、生産ラインの準備を始めたりするなどして、承認に要する期間を11カ月に短縮しました。

このようなプロセスを提案しただけではなく、実際にその有効性を示したことで、イギリスをはじめ、欧米諸国の規制当局もプロセスの有効性と治験の結果を認めることになりました。当局側にも、提案されている内容を読み解き判断できるだけのサイエンスの物の見方があったということです。

このような「4つのS」を総動員した取り組みで一気呵成《いっきかせい》に世界を変えていった国がある一方、緊急事態にもかかわらず有事モードに転換できずに、いつまでも平時の仕組みのままで国民に犠牲を強いる国もあるわけです。

そこには未来を見通すシナリオ思考もスピード感もないばかりでなく、サイエンスできちんと議論できずに安全・安心の掛け声だけで、セキュリティをきちんと考えられない姿があるのです。

●「4つのS」を持たない日本

ルール作りの競争はワクチンパスポートにも表れています。

ワクチンパスポートはワクチン接種を証明し、旅行者の検査や検疫の免除の基準として使うことが想定されています。実用化されればビジネスや観光のインセンティブになるだけではなく、ある国から別の国に対してワクチンの提供と一体的に運用すればワクチン外交の強化にもつながるものです。

イギリスや中国、WHO、EUが当初から複数の国で使えるデジタルでの発行を模索している一方で、日本では海外で通用するかどうかも心もとない紙の証明書の発行を検討しているというのは「4つのS」の観点がまったく抜け落ちていると言わざるを得ません。

デジタルシステムを導入すると報道されていますが、グローバルな動静を見たうえで決めているのか疑問です。ちなみに、GVEは「Ecma-International」というITの国際規格化団体やイギリスのアストン大学が主導しているワクチンパスポートの国際規格向けにセキュリティ技術の情報を提供していますが、そもそもはワクチンパスポートを開発しようとして研究してきたセキュリティではありません。

GVEは今後すべてがデジタル化されていくというシナリオに立ち、その中でも特に高いセキュリティ・個人情報の保護が求められる金融や、デジタル化の恩恵が非常に大きくなりそうな医療サービスの分野に着目しています。その中でつちかってきた技術がワクチンパスポートのセキュリティの部分にも応用できた、ということです。

これは、配送センターの余剰クラウドコンピュータをAWSという新しいビジネスとして確立していったアマゾンに通じるもので、最終的なシナリオの世界に行きつく途上で自社に備わっている技術をどんどん活用していこうという発想なのです。

お金のデジタル化における「4つのS」とは？

30年後にお金は確実にデジタル化されています。

このシナリオに反論できる人はいないでしょう。完全なキャッシュレス社会になっているのか、仮想通貨が法定通貨に取って代わっているのか、中央銀行デジタル通貨（CBDC）がメインストリームになっているのか——そのときにデジタル化されたお金のカタチは明らかではないかもしれません。ただ、紙幣や硬貨がもはや流通しなくなっていることは明確です。

しかし、理論的に将来起きることと、現実の間には大きなギャップがあります。そのギャップの中でチャンスを見つけていくこと、現実を理論や理想に近づけるために今ある技術や知見を使っていくこと、これがビジネスです。

30年後の姿が明らかに見えているもののそこに至るまでには歪みがあるのであれば、それを解消するソリューションを提供していくのがビジネスだということです。お金が完全にデジタル化されている30年後の社会と、キャッシュレスが進まない現在の日本社会のギャップは何でしょうか？　その歪みを解消するにはどのようなサービスが必要なのでしょうか？　この点を考える中で、もちろんスピードやサイエンスのマインドセットが不可欠です。何を根拠に考え、いかに早く決断していけるのかが今後の優劣を分かつことになるでしょう。

お金がデジタル化された世界ではどんなシナリオが描けるでしょうか。そこでは、金融取引のコストが低下し、リターンが最適化され、安心が最大化されるようになるはずです（※10）。

金融取引のコストが低下するのは、決済や支払いの手数料が限りなく引き下がり、現金の取り扱い業務がなくなり、取引の処理が人間の労働力ではなく自動化や24時間365日つながるオンライン化されていくためです。

金融の本来の目的である信用創造においてリスク管理とリターンの予測がデータをベースにした分析に変化するため、リターンが最適化されるでしょう。デジタル化されデータが「見える化」されると、より詳細で確度の高いリスク分析やリターンのシミュレーションが可能になり、相手先に応じて最適な金利を設定できるためです。

そして「安心の最大化」とは、セキュリティの問題です。決済や金融取引で使える高いレベルのセキュリティを確保しつつ、個人情報が帰属する本人だけが自身の情報の共有を許可する相手を決めるといった運用を指示できるような世界です。

このようなシナリオを念頭に、そこに向かう道筋の中で残りの３つのSをどのように活かして新しい世界をシナリオ通りに動かしていけるかが世界のリーダーになるためのカギとなるでしょう。

皆さんはどんな４Sを想定して、お金のデジタル化に向き合いますか？

※10 「Financial Stability」と呼ばれるものです。

第5章

日本の未来は「イノベーターシップ」にかかっている

ルール形成
——「4つのS」を通じて新しい世界を創るためのツール

お金のデジタル化という不可逆的なグローバルトレンドの中で日本が世界でリーダーシップを取っていくためには、「4つのS」をフルに活用することがカギになりますが、そのときに必要なのがルール形成の主導権を握るという視点です。

つまり、日本という国やその中にいる企業や個人、さらにはNPOやコミュニティなどが主体となって世界を自分たちの利益にかなうように導き、同時にこの世界をより良いものにしてすべての人が幸福になれる道筋を作り出していく、という視点です。

ルール形成の競争は理念の競争であり、超長期的な構想の問題でもあります。

「自分たちの利益になるような仕組みを作りたい」というのがルール形成の大前提としてありますが、それだけでは賛同は得られません。そのルールに従うことで参加者がどのようなメリットを得られ、どのように幸せになれるのか、その理念を示さなければそのルールに従いたいと考える国や企業や人は出て来ないでしょう。

世界共通の「善」をどのように見据えていくのでしょうか？　どのような世の中を創っていきたいと考え、そのためにどのようなモデルを作っていくのでしょうか？　世界を巻き込み、世界を変えていくために必要なのは、何のために何をしたいのかという壮大なストーリーとしての理念の問題なのです。


ここでルール形成について少し整理しておきましょう。

ルール形成の重要性が叫ばれるようになった背景は2つあります。

1つはグローバル化が進む中での国家や企業間の調整機能の役割として、もう1つは普遍的な価値を追求していくための秩序作りです。

国家や企業間の調整という観点でのルール形成には第一次世界大戦後の国際連盟の創設に見られるように古い歴史がありますが、特に近年グローバル化が進む中で各国が国益の源泉でもある企業を国際的なルールのもとでどのように支援していくか、新技術を普及させイノベーションにつなげるためにどんなルールが一番メリットがあるのかという観点が大きくクローズアップされています。

もう一方の理念追求型の秩序作りは、人権や環境問題などの地球全体の課題に対して適用されます。持続可能な世界を構築するために人類としてどのように取り組むべきなのか、といった問題意識に端を発するもので、「地球市民全体の利益」という観点が大きな比重を占めると言えるでしょう。

このようにルール形成には、国益、国家の安全保障、企業利益、そして地球全体の共通善というさまざまな動機があります。地球全体の共通善には、船が向き合うとお互いに右側に逸らすことにして衝突を避ける海の安全ルール、手旗信号のルールなどがあります。どの場合においても、ルールとして確立していくためには、関与するステークホルダー全体の賛同を得られること、つまり参加者全員に納得してもらえることが不可欠です。

ルール形成の分野は広範です。身近な例ではスポーツがあるでしょう。特定の国やチームが強すぎる場合などには新しい制約が登場することもあります。

たとえば、メジャーリーグでは投手が使用している滑り止めに関するルールが厳格化されたことが最近では話題になりました。ルールによってピッチャー優位の状態を是正しようとしているという意味では、ルールがどのように機能するのかわかりやすいケースになっています。

もっと大きな国家間の枠組みでは、通商ルールをはじめ、資本規制や国際会計基準といった金融・会計の分野があります。デジタル化にとって重要なものには技術規格化（デジュールスタンダード）やデファクトスタンダードの技術標準があります。そのほかにもパリ協定のように地球温暖化や環境、脱炭素を見据えたエネルギー問題といったものは、理念のレベルで世界的に脱炭素をしなければならないことを決めたとしても、国家間や先進国対新興国の間のルールのせめぎあいになります。

人権問題や個人情報など特に近年大きく取り上げられている分野を見ると、普遍的な理念の問題であると当時に、たとえば中国のウイグル問題に見られるように、「覇権を握りつつある中国を、西側諸国の価値観にどのように従わせるか」といった価値観の覇権とでもいうべき視点が重要になります。

たとえば、アメリカのブラックライブズマター運動では、アメリカ国内での白人至上主義者たちと有色人種を含めた白人至上主義者以外の人々との価値観の覇権というべき視点が重要になります。

コロナ禍で特に注目を集めるようになったライフサイエンスの領域では、ワクチンの承認基準やワクチンパスポートの規格などで各国がルール形成の主導権を握ろうとしています。

また、最近急激に進んでいる電気自動車に関して焦点の1つになっているのが電池です。電池においてはEUが電池規則を改訂し、生産工程から設計要件、二次使用、リサイクル、リサイクル材料の新しい電池への組み込みまで、電池のライフサイクル全体に対応する包括的な枠組みを確立しました。

その狙いは来るべき電池社会を見越して電池製造がCO_2排出とバッティングしないか、電池製造に必須の希少鉱物の管理・保全、電池パスポートによる適正な電池市場の育成など、電池を通じた環境・経済安保・雇用などの共通善への貢献を企図しています。つまり、単なる電池開発のずっと先の世界のあり方を見ています。

さらに、デジタル化の中で欠かせないセキュリティの分野でもルールは重要です。「セキュリティクリアランス」という枠組みがあります。国家の機密情報に触れられる人を認定するというルールですが、日本にはこのルールは存在していません。国内だけではそれで通用するかもしれませんが、海外から見るとルールが明確ではない日本は信用できないことになります。たとえば、アメリカやオーストラリアは日本に対して国家機密レベルの情報の共有を拒否するという大きなマイナスの作用を生んでいます。

こうしたルール形成の考え方は、残念ながら日本は遅れていると言わざるを得ません。「ルール形成には理念や超長期的な構想、地球全体の共通善の視点が欠かせない」と述べましたが、日本にはそれが欠けているためです。

日本はどちらかというと、現実の延長線上で未来を見ます。実現できるかどうかという点に関心があるのです。特にこの30年間でイノベーションの世界的な競争が起きている中でも、「新しい世の中をどう作るのか？ そのためにどういうルールを提案していくのか？」といった視点は持ち得ませんでした。

それでも「日本には目先の利益に左右されず長期を見据えてじっくりと真面目に取り組む姿勢がある」とはよくいわれます。しかし、この場合の「長期」とは、今手元にある現実に改善を加えて根付かせていくという意味での長期的な視野、あるいは皮肉をこめて言えば、大胆な変更は何もしないというだけのことであり、現時点で見えていない、まったく異なる「超長期的」な未来の世界を思い描き、その実現に向けて世の中の仕組みを変えていこうという発想はありません。

たとえば、ガソリン車の先に日本と欧米で何を見据えているのかを考えるとよくわかります。

日本はハイブリッド車を生み出せるという現実的な技術を頼りにし、それに関連する雇用や工場を守ろうとしているようにも見えますが、欧米では大胆にもガソリン車の廃止を掲げている国が出て来ています。それは、地球環境の保全に向けた脱炭素という究極的な理念のためには、世の中の仕組みをまったく変えてしまうことも構想していくということです。

「工場があるから」「雇用があるから」という現実にばかり目を奪われていると、世界を巻き込んだ未来志向の変化は生まれてきません。この点はデジタル化の進む社会では致命的な変革スピードの差となって表れます。世の中の仕組みがまったく変わろうとするときに、世界が志向する超長期的な未来に向かって世界を巻き込んでいく土俵を自らの手で取っていくことができなければ勝ち組にはなれないのです。

ルール形成は個別企業や個人だけで取り組めるものではありません。特に国際的なルールや標準の確立には政治を巻き込んだ交渉が不可欠です。

欧米では「ルールがあるからそれに従う」というコンプライアンス一辺倒の姿勢ではなく、「ルールがあっても理不尽であれば従わない論理的根拠を提示する」という「コンプライ・オア・エクスプレイン（順守するか、順守しないのであれば説明する）」という考え方があります。

ここにも「ルールは守るだけのものではなく作り出すものである」という自らが主体となってルール形成していく姿勢が表れていると言えるでしょう。モノや技術の売り込みではなく、市場そのものを創造して新しいニーズを生み出したり、逆に今まで存在してきたモノやプラットフォームを使えなくするような規格や規制を打ち出したりしていくというのは、世界を変えたいというスケール感の問題です。

たとえば、旧ソ連が崩壊したあとの経済的・社会的混乱の中で、アメリカはロシア政府による新しい秩序の構築を手助けするために自国の会計事務所や法律事務所を大量にモスクワに送り込んだといわれています。アメリカの仕組みや考え方に沿った社会インフラが整えば、長期的にはアメリカの国益や企業の利益に適うことを見越した行動です。

また、同時期に民営化に精通していたイギリス系のマーチャントバンク（現在のインベストメントバンク）は、旧ソ連の国々での大型の民営化を主導して、資本主義・市場主義を旧ソ連の国々のルールにしてしまいました。超長期的には、イギリスの国益や西側の企業の利益になると見越した行動です。これら民営化のおかげで、旧ソ連のほとんどの国々が民主主義・国全体を巻き込んでの選挙というルール形成が進みました。

ルール形成には分野横断的な観点も不可欠です。縦割りや個別最適を求めるのではなく、目指すべき理念という目的に向かって手段を問わずに使えるものを融合していく姿勢です。

日本人は与えられた既存の枠組みの中で完璧を求めることには秀でているといわれています。そこから脱却して、テクノロジーや人脈、資金や実践知といったものを糾合していくことが必要です。それは予定調和の世界ではなく、未来に向かって社会をデザインしクラフトしていく際に生まれるコンバージェンスの世界なのです。

このようなルール形成の精神を取り込んでいくからこそ、シナリオ思考、スピード、サイエンス、セキュリティという「4つのS」が大きなスケール感を持って活かされるのです。

超長期的な視点や理念を持ち、それに合わせたモデルを作り上げていくという意味でシナリオ思考が発揮されますし、未来を先取りした陣取り競争に勝っていくためには世界最速のスピードが不可欠になります。

また、ソリューションが広く受け入れられ共有されるためには世界共通言語としてサイエンスをベースとしたデータが説得力を持ちます。またレガシー技術では不可能であった、世界的な規模でのルールの運用の的確性を確保するという意味でセキュリティがクローズアップされてきます。

このように「4つのS」のすべての部分にルール形成の精神が活かされていくことで、世界を大きく変えていくことができるのです。

新たな未来を創っていく力量　――イノベーターシップ

これら「4つのS」をフルに活用し、世界の中でルール形成をリードしていくためにその先頭に立つリーダーたちに必要なものは、世の中を良くしていきたいという熱い思いであり、構想した未来を実現していく力量です。それを筆者は「イノベーターシップ」という言葉で表現しています。

「どこへ向かって現実を変えたいのか」という未来を描き出すのがイノベーターです。

思い描いた未来に至るために技術を使い、新たな仕組みを作り、同じ意識を持つ者同士が連携し、ベンチャースピリットを持って大きなスケールを達成するのです。

イノベーションには未知の領域があり、誰もが想定していなかったことが起こるでしょう。それを乗り越えて、既存の仕組みやルールに頼らず自らがルールを形成していくのがイノベーターシップなのです。

そして、イノベーターたちの持つ最終的な目標は生活者の幸せです。新しい技術や仕組みは利便性を向上させますが、利便性の向上は人間が幸福になるための手段にすぎません。お金のデジタル化やデジタルトランスフォーメーションが目指しているのはまさに人間がより幸せになれる社会であり、そこに向かう原動力としてイノベーターシップを位置付けることができます。

リーダーシップとマネジメントという2つの言葉が比較されることがよくあります。マネジメントとはすなわち「管理」であり、決められたことをできるだけ効率的に達成すること、一方のリーダーシップとは、変化の中で方向性を示して指揮していくことと理解されています。マネジメントとはかかっているハシゴをいかに早く登れるかの問題であり、「リーダーシップはどこにハシゴをかけるのかという問題である」と表現することもできます。ところが今の世の中はどうでしょうか？

AI革命、デジタルトランスフォーメーション（DX）、ハイテクでは米中の二択、ポストコロナ、新資本主義、環境・エネルギー問題、高齢化、人口減少――あらゆる点において「今まで通りにはいかない」というのが現実です。

「ハシゴの先には次の階がないかもしれない」というのが今私たちの置かれた環境であり、「どこに行くのか？」ということ自体を考えなくてはならないのです。

つまり、ここに求められるのがシナリオ思考であり、イノベーターシップの未来を構想する力です。同一の地平の上でマネジメントやリーダーシップを議論していても新しい世界は創れません。イノベーターシップこそがデジタルの時代にその恩恵を受け、世界の中で戦っていくための能力なのです。

実は、日本には熱い思いを持った人が多数存在しています。

デジタル化の流れの中で「日本の中の自分」ではなく、「世界につながった自分」という意識も高まっており、今までのように社会規範やしがらみにとらわれず、自由な発想で世界に発信しています。日本という枠組みに固定化されず、世界全体を自分の舞台としてとらえてその中で社会課題を解決していこうという姿勢を自然と身につけているのです。

このような人材が日本から出て来ていることに心強い思いがします。筆者としてはこのような才能をきちんと認め、あと押ししていきたいと考えています。つまり、「4つのS」で世界を変えていく志を持ったイノベーターを日本からどんどん輩出していきたいということです。

イノベーターシップとルール形成

現在も、そして今後ますます、ルールのない世界やこれまでのルールが通用しない世界が広がっていきます。一方では世の中の問題は複雑さを増し、既存のルールでは解決できなくなっています。

たとえば、格差や制度的な差別、環境問題や食糧・水問題などの地球規模の課題、国家間の枠組みの崩壊などは、人類のこれまでの経験や知識では手に余るものです。

その一方で、ITを軸にしたテクノロジーの進歩によって、今までは解決できないと思われていた問題にも手が届くようになっています。

たとえば、ゼロエミッションの自動車は環境問題のソリューションになり、医療のデジタル化は健康寿命の延伸に大きく貢献するでしょう。

イノベーションを生み出すのは、ルールのないところにルールを作り、既存の社会を牛耳っているルールを作り替え、大きな目的意識の下で新たなエコシステムを作り、市場を形成していくという力です。

イノベーターシップとは、ルールを自ら作って世界を切り拓いていくという意欲とスキルと行動力であり、世界に広がる複雑でなかなか解けない問題に向き合い、よりよい世界を構築しようと未来を構想することです。

筆者は、イノベーターシップとは相互に関連する5つの力から成り立つと説明しています。それは、未来構想力、実践知、突破力、パイ（π）型ベース、場づくりの力です。

「未来構想力」とは、「4つのS」で挙げたシナリオ思考に通じますが、あるべき未来のビジョンを見通す力です。

「どこへ向かって現実を変えたいのか？」ということを自らに問い、自分の信念から生まれて来るべき「思い（Belief）」です。これはMBA思考のように過去の分析やケーススタディから導き出されるものではなく、徹底的な自分への問いかけから出て来るべきビジョンであり信念です。

火星への移住を掲げているイーロン・マスク氏のビジョンは一般の人には突飛に感じられるかもしれません。しかし、本人の熱い思いがそこに結集され、それが人を巻き込む力になっていると言えます。

「実践知」はそのビジョンを形にしていくために、知識や経験に基づいて自分の生き方から紡ぎ出される、絶妙な判断力や直観をもたらす知恵のことです。

未来に向かうビジョンがどれほど素晴らしくても、そこに至るまでの過程にはさまざまな不条理や困難が待ち受けています。それに対処していくための実践経験に裏打ちされた知性が実践知なのです。

スティーブ・ジョブズ氏は一度アップルを追われましたが、同社が暗礁に乗り上げたあとに復帰して見事に復活させました。

「デザインとは見た目ではない、どう機能するかだ」という彼の信念がそれまでのマッキントッシュの開発などの経験を通して実践知となり、これがｉＰｏｄやｉＰｈｏｎｅなどの成功を導いたのだと言えます。

「突破力」とは、構想した未来のビジョンを実現する中で立ちはだかる高い壁を乗り越える行動力です。既存のやり方やしがらみにとらわれず、新しい世界を構築して持続可能な仕組みを構築していくということです。

誰もが「あり得ない」というような高い壁にも挑戦していくあの手この手の才覚も重要です。人類の火星への移住を目指すイーロン・マスク氏が、宇宙輸送機を開発する会社であるスペースXを創業し、しかもこれまでのロケットとはまったく異なる低価格で再利用できる輸送機を世の中に送り出したことに通じるでしょう。

「パイ（π）型ベース」とは、複数の専門性（πの2本の脚）と、人類としての教養を備えた知性（πの横棒）を兼ね備えることです。文武両道、文理融合、インターディシプリナリーな教育が重要です。

また、年齢にかかわらず常に学びつづける姿勢から結晶性知能として生み出されるものです。また新しい時代の価値観を見通す教養こそ、イノベーションの行き着く先のよりよい世界を定義するには不可欠です。

既存の枠組みを壊して融合することや、社会を変えるイノベーションを起こすこと、そのベースにはこのパイ（π）が必要となるのです。これが新たなルールを作り、大きな流れを引き出していく原動力となります。

そして「場づくりの力」。自分のビジョンである大きな未来を実現するために仲間を巻き込む磁力を発揮し、モチベートしていく力です。

1人では網羅し切れないものをチームで補い合ったり、異なる知を集めて共創していけるような環境を醸成していくということです。そのためには、自分と異なるバックグラウンドや知識を持つ人とも共感していけるダイバーシティとインクルージョンの視点が欠かせません。

イノベーター型リーダーシップの輩出
——オックスフォード大学の例

人類の共通善や理念を追求するというのは必ずしも正解のない問題を解くようなものです。

筆者ら2人が同時期に学んだオックスフォード大学には、正解がないかもしれない問題について皆を巻き込みながら解いていこうという姿勢が顕著にありました。

オックスフォードでは、過去の文献にあたり、批判的に考え、自分の知見を確立するという一連の学問的なアプローチが確立されています。学問を体系化して知見を積み上げていく伝統に裏打ちされたもので、これは今の時代をどのように位置付け、これからの時代をどう見ていくのかという時代認識を自分の頭で考えて解釈し、その自分の意見で相手を説得していくということにつながります。

このように知を積み重ね、時代や社会の位置付けを常に模索するというオックスフォードの姿勢は、学生が社会と自分の接点をどのように定義していくかをよく考えているという点にも表れていました。

たとえば、オックスフォード・ユニオンという弁論団体があり、その中では政治や経済などをはじめとするさまざまな社会問題に関する喧々《けんけん》諤々《ごうごう》のディベートが頻繁に繰り広げられています。学問を学問だけに終わらせず、「どのように社会に活かしていくのか」という視点が学生の中に浸透しており、それがディベートを通して発露されているのです。「世の中をこうしていきたい」というディベートでの発信を聞く側もそれに刺激されて、長期的な理念を志向するマインドセットがつちかわれていくということです。

オックスフォードには39のカレッジがあります。学科の強弱は多少あるものの、それぞれのカレッジにはあらゆる専攻の学生が集まり、さらにはさまざまなバックグラウンドを持った学生が世界中から集まっています。専攻が異なり、文化が異なり、考え方が異なる学生たちが同じ寮で寝食をともにする中で、たとえば食事の際に隣に座った人との会話の中にさまざまな発見があり、共創があります。

面白い例ですが、このようなオックスフォードのカレッジ制度の中から生み出された例として医療機器のＭＲＩを挙げることができます。ＭＲＩはもともとは化学の分野で岩石や金属の内容物を調べるための機械でしたが、同じカレッジにいた医学を専攻する学生が化学専攻の学生との会話の中でこの機械の話を聞き、人体にも応用できる可能性を思いついたということです。

世界各国から異なるバックグラウンドや考え方を持った留学生が集まっているため、その中で自然と世界全体に視野が開かれ、超長期的な視点を持つことができ、スケール感のある物の見方ができるようにもなっていきます。

ダイバーシティをベースにし専攻分野の垣根を超えた知の交流があり、そこからオープンイノベーションが生まれるのですから、学生がルールを作る側の意識になるのは当然でしょう。

イギリスの歴代首相の約半数がオックスフォード出身であるだけではなく、オーストラリア、ミャンマー、パキスタンなどの首相を輩出していることもうなずけます。

第4章でも紹介したアストラゼネカ製のワクチン開発を主導したオックスフォード大学のポラード教授はイノベーターシップの1つのモデルです。ポラード教授は世界でのワクチンの承認プロセスというのは、10年かかっていたという状況に対して、11カ月で承認プロセスを終えるという未来を描き、ワクチンの緊急使用に関するルールを確立しました（未来構想力）。

製薬会社に対しては、第3フェーズ治験（第3相）の結果が出てから工場を作っていたのを、治験の途中の結果を知らせて、リスク・リターンを計算し、治験の途中からワクチンの製造を始めてもらうことを説得してしまいました。

また、第1フェーズ治験から第3フェーズ治験も、どのような治験プロセスにすれば全体の期間を短縮できるかについて提案し、実際にその仕組みを構築して自身が管理するオックスフォード・ワクチン・グループで実行してしまいました（実践知）。

177ある規制当局に対しては、彼らの注目するべき治験データがそれぞれ違っているため、それぞれが過去に要求してきた観点から、科学的に裏付けのあるデータを集め、COVID-19の感染者の致死率、感染スピードから見た重症化する人々の数、推測死者数と、ワクチンには必ず起こる副反応が出る人数が100万人中25人なのか100人なのかということまで分析し、どのデータ部分に注目すべきなのか、何をもってその国全体の公衆衛生の概念での効果を測るべきなのかを、理論武装し、どのようなルールをベースに判断すれば緊急時に緊急使用を国民が望むかまでを提案したのです（パイ型ベース）。

その結果、アメリカ、ヨーロッパ、イギリスの当局がすべて11カ月で認めるという快挙を成し遂げたのです。

それは承認プロセスを世界の中で、最も科学的に分析しているこの3つの当局が承認すれば、残りの174の当局も追随するはずだということを見越した戦略だったのです（突破力）。

新型コロナのワクチン承認というプロセスの中で新しい緊急承認のルールが確立されたことで、今までヘルスケアの中では、ニッチなビジネスと思われていたワクチンビジネスが、最先端のテクノロジーを駆使した予防医学の雄となって多くの優秀な研究者を惹きつけていくことは長期的な視点で見れば間違いありません（場づくり力）。

そして、今後はCOVID-19ワクチンだけではなく、10年サイクルで起こっているコウモリから人間への感染が起こった場合には、COVID-29でも、COVID-39でも緊急承認が使われるでしょう。

承認当局の昨年から今年にかけての意識の改革を受け、100年以上にわたり毎年世界の子どもたち40万〜80万人の命を奪っているマラリアに対して、もし、有効性の高いワクチンの第3相治験のデータがそろえば、こちらも緊急承認となるというのが、世界中でのルールとなることでしょう。

教育　——学びつづけることと文理の融合

イノベーターシップの土台になるのは教育です。

人生100年時代においては「定年退職後は退職金で余裕のある生活を送る」というのは過去の話になりました。日本の年金制度は、未来永劫労働力人口が増えるということが前提になっています。

100年も生きてしまうのであれば、必然的にお金を稼ぐ必要のある働く時間も伸びていくでしょう。そうなるとこれまでのように、大学卒業から定年まで1つの会社や業種で単線型のキャリアパスをすごすのではなく、転職や起業などの複線型のキャリア形成が必要になります。

さらに、技術革新がすさまじい勢いで進んでいる中では、新技術に対応したスキルを身につけ、AIや自動化の波が訪れても人間にしかできない能力や知見を身につけておく必要があります。そのためには学びつづける習慣が不可欠です。

今でも「リカレント教育」の重要性が指摘されていますが、これは一般に訳されている「学び直し」ではなく、文字通りに「反復して」「繰り返し」学ぶことだと捉えるべきです。学びつづけることは定年が視野に入っている世代だけに限らず、デジタル化やグローバル化によって今後ますます先の見えない世界で生き抜いていく若い世代にも関係することです。学びつづけることは人生を豊かにするチャンスを手に入れることなのです。


経済協力開発機構（OECD）の調査によると、社会人になってから大学院レベルの学び直しをする人は日本では全体の2・4パーセントにとどまっています（※1）。これはイギリスの16パーセント、アメリカの14パーセント、OECD平均の11パーセントと比較して大きく下回っています。

筆者（徳岡）は企業の中間管理職の人材開発研修に講師として呼ばれる機会が頻繁にありますが、参加者が25人いるとすれば日経新聞でさえ購読しているのは2人か3人程度です。日本の経済紙でさえこの程度なのですから、グローバルな新聞雑誌や論文などは言うに及ばないでしょう。

「働き方改革」で日本人の労働時間は年間120時間以上減りましたが、一方で自己啓発にかける時間は1年間で5時間しか増えていないともいわれます。大学を卒業して社会人になった日本人はほとんど勉強していないということです。これでは当然世界を知ることはできません。


イノベーターシップを高めていくための学びは時間数だけではなく質も大切であり、パイ型ベースを強化するための文系と理系の融合が必要です。

第4章ではＳＴＥＭ（サイエンス・技術・エンジニアリング・数学）教育の大切さに触れましたが、これは日本にＳＴＥＭ嫌いの風潮が強いために特に指摘したことです。サイエンスベースで物事を捉え、データを分析し、数字で表れた結果に基づいて計画を立てて実行していくということの重要性は強調してもしすぎることはありません。

それに加えて、心理学や哲学、歴史といった文系的な物の見方も必要です。今目の前で起きている事象や今後起こり得る未来を人間社会の中でどのように位置付けて判断すべきなのか、どのように説明すると周りが納得してついてくるのか――これはAIでは判断できないことです。

実際にアメリカで成功している起業家の中には、テクノロジーベンチャーであっても哲学などの文系出身者が多いと聞きます。世の中を変えていくための社会的なダイナミクスを大衆に訴える力は文系的な能力です。明るい未来への思いを紡ぎ出し物語る力こそ、人々の心にしみじみとした共感を生み出し、未来へ挑戦する勇気を与えてくれます。

そして、その根底にある長期ビジョンの仮定をシミュレーションし、明確な理論的根拠を与えて正当化していくために科学的な知見が支えとなります。高校や大学での専攻が何かにかかわらず、世の中に目を向け、今起きていることに好奇心を持って学びつづけるという姿勢が重要であり、また一方の教育を提供する側にも学びの体系を再構築していくことが求められます。

ダイバーシティに関する学びも欠かせません。

自分だけ、または自分と均質的な集団だけを見ているようでは世界から遅れをとるばかりです。1億2000万人の人口だけの自前主義では、3億3000万人の人口のアメリカや14億人の中国に勝てるわけがありません。

ダイバーシティとはすなわち、「世界とつながる力」の源泉であると考えます。自分とは異なっている人の集合体である社会との接点を通して、特定の問題をどのように捉え、どのように解決していくのか、という思考が生まれ、そこからイノベーションが生まれるのです。

相手の価値観や歴史的な背景を理解することによってこそ、イノベーションやデジタルトランスフォーメーションを幸せな社会の構築につなげていくことができるのです。さらに、「相手」がいるから「自分」があるという認識は、自分の中の守るべきものを明らかにしていくという点でセキュリティにもつながるでしょう。

※1　https://www5.cao.go.jp/j-j/wp/wp-je18/h06_hz020212.html

日本の未来は「イノベーターシップ」にかかっている

日本には未来に向けたイノベーションを生み出す土壌が確かに備わっています。特に若い世代の中には世界のルール形成の場でリーダーシップを発揮できる人材が育っています。

ただし、「サラリーマン」という意識で会社にしがみついている人たちはそうではないかもしれません。

大切なことは、1人ひとりが立ち上がり、日本の新たな時代を切り拓いていこうというマインドセットでしょう。ほかの国が作り上げたルールに従ってゲームするのではなく、グローバルなルールを形成する側の視点を持つことです。

30年後にはお金がデジタル化されているという未来は見えていても、そこにいたる道のりはいまだ混沌としています。お金の流れを握ることが世界のリーダーシップを取ることなのであれば、まだ完全な勝者がはっきりと登場していないこの分野で日本がイノベーターシップを発揮し、ルールを確立していくべきなのです。

デジタルマネー世界到来前夜のルール形成を主導するために

1990年代後半にハーバード大学は大学の世界ランキングで1位を独走していました。一方で、「アイデアだけが先行してそれを実際に落とし込む実践力や行動力、さらにはアイデアを実行までやり抜く意識が不足している」という危機感が大学側にはありました。

そこで、ハーバードではいいアイデアは実現して初めて価値あるものになるという意識を教授や学生に植え付けるために「Idea is Cheap（アイデアだけでは金にならない）」というキャンペーンを展開したということです。

当時のハーバードの状況は日本の現状に似ています。

素晴らしいアイデアを持っている人材は多数いるのに、それを世の中に普及させていけるだけの実行力や巻き込む力がないのではないか、という危惧です。日本がグローバルの戦いの場でルールを形成する側にまわれない根幹はここにあるのではないでしょうか。日本はグローバルなルール形成の場でイノベーターシップを発揮できるようなリーダーを必要としています。

私たち筆者はメンタリストＤａｉＧｏ氏に大いに注目しています。

さまざまな独創的なアイデアを考えつくだけではなく、それをすぐにアクションに移してやり遂げてしまうという力があると感じるからです。イーロン・マスク氏やジェフ・ベゾス氏のようなイノベーターシップを備えている人物であり、このような若い世代の人材こそが海外に出て行って世界で通用するリーダーになると考えているためです。

（ある一定の年代以上の人の中には、メンタリストＤａｉＧｏという名前も知らなければ、何をやっているかをまったく理解できていない人もおられるかもしれません。これこそが、デジタルトランスフォーメーション（ＤＸ）の中で世の中の流れが見えていない状況を象徴しているのではないでしょうか。）

メンタリストＤａｉＧｏ氏は教育系の動画配信の分野でトップを走っています。ユーチューブのチャンネル登録者数は２４０万人以上（２０２1年6月現在）であり、ニコニコチャンネルの月額有料会員数が1位の８万人（２０１9年2月現在）と発表されています。

その目指すところは「教育のネットフリックス」です。つまり、いつでも誰でも、興味のある教育コンテンツを視聴できるようにすることです。しかもコンテンツはあらゆる分野に広がっており、メンタリストＤａｉＧｏ氏という媒体を通してプロが教える内容を素人でも理解できる内容のコンテンツが毎日アップされています。

本人そのものが最強のコンテンツであり、本人の幅広い知識を駆使してあらゆる分野の学びを誰にでもわかるようにまとめ上げているのです。

しかも、彼がすぐれているのはこのビジネスのアイデアだけでも、動画配信における解説の素晴らしさや説得力だけでもありません。ユーチューブやニコニコチャンネルで自分自身が感じた不便さや不満を解消するために、自らがプラットフォーマーになって自分自身の動画を配信するプラットフォームとして「Dラボ」というサービスを立ち上げたのです。

Dラボとニコニコチャンネルの合計数の月額課金者数は、30万人ほどという驚異のビジネスに仕上げてしまったのです。この発想力や実行力には感嘆します。現在の動画配信は日本語だけです。同じような生涯教育の動画サブスクリプションモデルがほかの国でも聞いたことがないため、これを英語にすれば、世界に広がっていくという可能性を大いに感じます。

ＧＶＥはＩＴ関連の国際規格を定める団体Ｅｃｍａにワクチン接種記録の証明書パスポートのデジタル規格を提案しています。ＧＶＥとはそもそも、将来的にお金がデジタル化され、あらゆる決済がスマホとクラウドを使ったキャッシュレスになるという未来を見据えて、その中でのセキュリティ面についての国際規格を確立し、次世代デジタルプラットフォームを運営しようと設立された会社です。

お金に関するセキュリティは国家の軍事レベルのものが求められます。求められる水準のセキュリティを技術的な面からも、考え方やビジョンといった面からも追求した結果、個人情報の保護と隔離の両面をあわせ持った非常に高いセキュリティを提供できるようになりました。

これだけの水準のセキュリティを確立すると、金融だけではなく、ほかの分野にも応用することができます。その1つがヘルスケアの分野であり、具体的には電子カルテに関するセキュリティです。電子カルテは本人しかすべての情報が見られないようにしつつ、本人が自分の個人情報にアクセス権を付与した相手だけに規則で決められた必要な情報だけを開示するという仕組みです。

この電子カルテは、オックスフォードのポラード教授のボスのホランダー教授のアイデアで、このセキュリティの仕組みがワクチンパスポートへの流用なのです。本人以外は管理できない、情報を改ざんできない、必要な相手に必要な範囲だけ開示する（たとえば、入国管理官にはワクチン接種の有無と有効期限を開示する必要があっても、イベント会場に入る際には接種したワクチンがそのイベントの日に有効性があるかがわかればよいわけです)、といった要件をすでに満たしていたため可能なことでした。

イノベーターシップとはつまりこのようなことではないでしょうか。

「お金のデジタル化」という超長期的な未来の構想があり、そこに向かって必要なモデルを構築していく中で、共通項の高いヘルスケアの分野でも同じプライバシー保護が必要とアドバイスされ、その中で世界的な喫緊の課題であるワクチンパスポートという問題に技術や考え方を流用してスピード感を持って世の中の常識を突破し、実践的な知恵で対応する、ということです。

その過程ではSTEMをベースにした専門知や教養が必要ですし、人々の共感を得る場の形成も不可欠です。最終的にこのワクチンパスポートが世界標準になると、まさにルール形成を主導したということになるのです。

お金のデジタル化という戦いにおいて、新しいルールを形成していくのはまさにこのイノベーターシップの力です。お金の流れを押さえることで世界のリーダーになり、さらには世界でリーダーシップを高めていくイノベーションを生み出していくことができる、という好循環の力を手に入れるカギがここにあります。

読者の皆さんは、自分の属する企業でもおそらく話題になっているデジタルトランスフォーメーション、その先にどのような未来を構想しているでしょうか？　そこに至る道筋の中で活用すべき実践知や突破力はどのようなものでしょうか？

そして、「お金」や「デジタル」だけの枠にとらわれず、真のリーダーになっていくために求められるパイ（π）型ベースはどのようなものでしょうか？

さらに、ルール形成の中で、個人や企業だけではなく、国や国の枠組みを超えたところで、どのような多様なプレイヤーを巻き込んでいけるでしょうか？

デジタルトランスフォーメーションやお金のデジタル化が、「人間がより幸せになる社会の実現」という究極の目標に向けられているのであるとすれば、強いイマジネーションと未来へのビジョンを持ったイノベーターシップを発揮することが世界のリーダーとして飛躍していくカギになるのでしょう。そんな日本に一緒にしていきませんか。

2021年7月　房 広治、徳岡晃一郎

房 広治（ふさ こうじ）

GVE株式会社 CEO　オックスフォード大学 特別戦略アドバイザー（小児学部）
Aston大学 サイバーセキュリティイノベーションセンター 客員教授
Ecma-International（ITの国際規格化団体）理事
1959年生まれ、兵庫県出身。白洲次郎が初代日本人アドバイザーとなった英系インベストメントバンクS.G.Warburg社の元M&Aバンカー。1997年には、当時花形であったインベストメントバンキング部門（M&Aと株式引受業務）において、日本でナンバーワンになった、外資系ブームの火付け役の1人。クレディ・スイスの立て直しにヘッドハンティングされ、2003年まで、DLJダイレクトSFGの取締役。FXテクノロジー会社FMCOMの元オーナー。M&Aアドバイザー、ハイテクのオルタナティブ投資家として、海外で有名。設立4年目の会社GVEがユニコーン入り。有名大学での講演多数。

徳岡晃一郎（とくおか こういちろう）

株式会社ライフシフト CEO　多摩大学大学院 教授・学長特別補佐
多摩大学 社会的投資研究所 所長　多摩大学 ルール形成戦略研究所 副所長
1957年生まれ、東京都出身。日産自動車にて人事部門、オックスフォード大学留学、欧州日産（アムステルダム）などを経て、1999年よりフライシュマンヒラード・ジャパンにてSVP／パートナー。人事、企業変革、社内コミュニケーション、リーダーシップ開発などに関するコンサルティング・研修に従事。2006年より多摩大学大学院教授を兼務し、研究科長などを歴任。知識創造理論を基にした「Management by Belief（MBB:思いのマネジメント）」を一橋大学 野中郁次郎名誉教授、一條和生教授とともに提唱している。還暦を機に、2017年ライフシフト社を創業し、ライフシフト大学を開校。『イノベーターシップ』（東洋経済新報社）、『終身知創の時代』（多摩大学出版会）など著書多数。

デジタルマネー戦争

2021年9月25日　初版発行
2022年4月15日　2刷発行

著　者　房 広治、徳岡晃一郎
発行者　太田 宏
発行所　フォレスト出版株式会社
〒162-0824 東京都新宿区揚場町2-18 白宝ビル7F
電話　03-5229-5750（営業） 03-5229-5757（編集）
URL　http://www.forestpub.co.jp
印刷・製本　中央精版印刷株式会社

ISBN978-4-86680-812-3 Printed in Japan

世界の最新テック動向を知り、イノベーターシップを高める

読者の方に無料特別プレゼント

特別データ

著者 房広治さん、徳岡晃一郎さんより

房広治さんが「まぐまぐ！」で配信中の有料メルマガ『房広治の「Nothing to lose! 失う物は何も無い。」』でこれまでに配信された最新テック動向の記事23本のPDFファイル、そして徳岡晃一郎さんが企業研修やセミナーなどで使っている「イノベーターシップをきたえるためのチェックシート」のPDFファイルを読者の皆さまにご提供します。ぜひともご活用ください。

特別プレゼントはこちらから無料ダウンロードできます↓

http://2545.jp/dm/

※特別プレゼントはWeb上で公開するものであり、小冊子・DVDなどをお送りするものではありません。

※上記無料プレゼントのご提供は予告なく終了となる場合がございます。あらかじめご了承ください。